南無大慈大悲觀世音菩薩
妙音觀世音
梵音海潮音
勝彼世間音
是故須常念
念念勿生疑
觀世音淨聖
於苦惱死厄
能為作依怙
具一切功德
慈眼視眾生
福聚海無量
是故應頂禮

喜樂．多羅菩薩

只有真心慈愛自己，才有能力真心慈愛他人。慈心喜樂的力量，將從自心自身，像漣漪般擴散開來，從心到呼吸，到身體，到外境，完全和諧圓滿，沒有任何對立衝突。這是生命中最甜美高貴的享受，最美麗的幸福高峰。

圖、文　洪啟嵩

無畏．十一面觀音

我們所害怕的事物，任我們千般閃躲，卻是最常出現在我們面前。過度的恐懼，蘊含著深層的焦慮，讓我們無法看清事實，無法恰當處理我們所面對的情況。所以，你所需要的是改變你的心！

圖、文　洪啟嵩

健康．藥王觀音

養生的目的是長養自身，使自己的身心性命達於圓滿的境地。因此從消極面來看，是清淨寡欲、齊心養神，以保天賦所有，使之減少損耗；而就積極面而言，則是增進內心與身體之修為，以擴充我們原所具有的天賦能力。

圖、文　洪啟嵩

財富．如意輪觀音

任何夢想的完成，絕對需要資源；財富無善無惡，善惡是在運用財富的心態與手段中產生。所以，賺錢，是一種智慧運動，重要的是獲致富貴資財，增長勢力威德，具足福德資糧，贏得眾人愛敬。

圖、文　洪啟嵩

成功・準提觀音

圖、文　洪啟嵩

只有你才能賦予成功真正的意義，因為真正成功的人是你自己。真正的成功不是「我勝你敗」，而是我們的心永遠安住在成功的心量之中，安住在這常勝思惟當中，使所思惟的方向都是朝向正確成功，如此才是「恆勝者」。

幸福小卡

專注・寂定觀音

圖、文　洪啟嵩

在現代這個充滿身、心衝擊的時代，如何讓身心保持安定，放鬆且專注，是健康的重要指標。當我們的身心進入止、定的寂靜境界時，自然而然地，生命中的煩惱與負面力量，就像大海平靜無波一樣的停息了。

幸福小卡

願景・大聖觀音

圖、文　洪啟嵩

願景，是我們和自己及一切生命最深刻的約定。當我們發起願力，建構生命願景時，它就成了我們的生命藍圖，生生世世朝著這個方向而行。這是一條漫長的路，但是，我們走在這條路上不會孤單，而是很幸福。

幸福小卡

智慧・般若觀音

圖、文　洪啟嵩

智慧不是知識，而是向內觀照，掌握萬物本質的般若智慧。這樣的心才能寂靜不動，不隨外境所轉，隨時具有觀照力，即使是面對瞬息萬變的外境，心緒也不會隨之起舞，能掌握到變動中的機會。

幸福小卡

觀音的幸福力

地球禪者

洪啟嵩◎著

目錄

第三篇 觀音的修行法門 178

〈附錄〉

〈作者序〉
幸福觀自在

觀世音菩薩是大乘佛教中，最受歡迎的菩薩，他代表著諸佛的大悲菩提心，永遠地以慈目觀照與守護一切的眾生。

觀世音菩薩（梵名Avalokitevara）以慈悲救濟眾生為本願，又有光世音、觀自在、觀世自在、觀世音自在等名號。由於觀世音菩薩的偉大勝德，有時也被稱為救世菩薩、救世淨聖、施無畏者、蓮華手、普門或大悲聖者。

觀世音菩薩，在大乘佛教中是大悲顯現、拔除一切有情苦難的偉大菩薩。他聞聲救苦，不稍停息；在《法華經．普門品》中說：「若有無量百千萬億眾生受諸苦惱，聞是觀世音菩薩，一心稱名，觀世音菩薩即時觀其音聲，皆得解脫。」可見其法門的廣大，與悲願的弘深。

觀世音菩薩遍歷無數世界，除了普陀山之外，另一個主要的淨土，則是在極樂世界，與大勢至菩薩同為阿彌陀佛的兩大脇侍，共同在極樂世界教化眾生。在《悲華經》中記載，將來西方極樂世界阿彌陀佛涅槃之後，觀世音菩薩將補佛處，號為「一切光明功德山如來」。其淨土名為「眾寶普集莊嚴」，比起現在的極樂世界，更加的莊嚴微妙。

觀世音菩薩以大悲救度為主要的德行，但是蘊藏於大悲之後的，乃是無邊的大智，所以在中國佛教界最廣為人知的智慧經典《般若心經》，其主講者即為觀世音菩薩。

觀世音菩薩的另外一個特色，為普門示現；即眾生有任何的需求，應以那一種身分得度，觀世音菩薩即示現出何種身相來救度。觀世音菩薩由「普現色身三昧」現起的不可思議變化身，常在十方世界作無邊的救濟，使苦難眾生得到無限的安慰與清涼。這種大慈大悲的精神，使人無限嚮往，總希望，得到其救助之餘，亦願與其同悲同力，效法偉大的觀世音菩薩，在十方世界救度一切有情。

觀世音菩薩是無限的慈悲心與般若正智，圓融無二的具體表現，也無剎不應的示現，使他成為與我們娑婆世界眾生最為相契的菩薩。俗語說：「家家阿彌陀，戶戶觀世音。」正是這種現象的最佳寫照。

在中國歷史上，觀世音菩薩秉著循聲救苦的悲願，不斷地示現救度有情眾生。「眾生被困厄，無量苦逼身；觀音妙智力，能救世間苦。」由於觀世音菩薩廣為眾生之依怙，而使之不生怖畏，所以又稱為施無畏者。在今日眾苦煎逼的時代，我們也祈願觀世音菩薩，傾下清涼的的甘露，再施救濟；亦願每個人都能具足觀世音菩薩的無限悲願威力，作觀音使者，行大悲觀音的救世大行！

觀世音菩薩對眾生是如此的慈悲，又那麼的相契，為了讓大眾更能親切體會觀世音菩薩的風貌，因此而有本書的出版。透過諸尊觀音的莊嚴寶相，讓有緣者在觀看時，直接感受到觀世音菩薩的大悲、大智與大力。

本書所蒐羅的觀音圖像，是筆者多年來所繪畫的觀音。繪畫對我而言，其實是一種修行的過程，不是「我畫觀音」，而是「觀音畫我」。

「我畫觀音」是一種技術，「觀音畫我」則是一種修行；必須空掉自我的執著，才能和觀音的心相應來畫觀音。

當這個畫完成的時候，它就已經成為一個獨立的個體、已經圓滿了。每一幅畫就是觀世音菩薩大悲的化身，它會活得比我長，在世間度化有緣者。或許這正是觀世音菩薩大悲普門的精神，正如同《法華經》中所說：「善男子！若有國土眾生，應以佛身得度者，觀世音菩薩即現佛身而為說法；……應以居士身得度者，即現居士身而為說法；應以宰官身得度者，即現宰官身而為說法。……無盡意！是觀世音菩薩成就如是功德，以種種形，遊諸國土，度脫眾生。」因此若有眾生「應以畫像得度者」，觀世音菩薩是否也會「即現畫像而為說法」呢？

祈願大悲觀世音菩薩，永遠地守護我們平安吉祥，透過觀看菩薩莊嚴的寶相，除了獲致觀世音菩薩的廣大加持護佑之外，更能體悟菩薩的大悲心髓，轉化為開創幸福人生的廣大威力，使人人都成為廣大圓滿的幸福觀自在！

觀音的時空座標

大悲觀自在，
具足百千手，
其眼亦復然，
作世間父母，
能施眾生願。
——《千光眼觀自在菩薩祕密法經》

觀音的特質
觀音的形象
觀音居住的淨土
觀音的眷屬

觀音的特質

觀世音菩薩（梵名Avalokitevara），可以說是最廣為人知的菩薩，他以大悲示現，誓願拔除一切有情苦難，循聲救苦，不稍停息。在《法華經•普門品》說：「若有無量百千萬億眾生受諸苦惱，聞是觀世音菩薩，一心稱名，觀世音菩薩即時觀其音聲，皆得解脫。」可見其法門的廣大，與悲願的弘深。

觀世音菩薩的名號，主要有「觀世音」及「觀自在」。在《注維摩詰經》卷一中曾列舉鳩摩羅什的說法，認為：「世有危難，稱名自歸，菩薩觀其音聲即得解脫也。亦名觀世音，亦名觀自在也。」唐朝的窺基大師在《般若心經幽贊》卷上中認為「觀」是照之義，即了達空有的智慧；「自在」為縱任之義，即所得的勝果。過去廣行六度，現在得證果圓，慧觀為先而成為壽命、心念、財富、辯才等十種自在，因此又稱為觀自在。

經典中說，其實觀世音菩薩早已成佛，其佛號為「正法明如來」，但是為了濟度一切眾生，所以倒駕慈航，示現菩薩之身。在《千手千

【吉祥觀自在】

眼大悲心陀羅尼經》中說：「觀世音菩薩，不可思議威神之力；已於過去無量劫中，已作佛竟，號正法明如來。大悲願力，安樂眾生故，現作菩薩。」

在西方極樂世界中，阿彌陀佛的兩大脇侍為觀世音與大勢至菩薩，他們輔佐阿彌陀佛教化眾生。根據《悲華經》記載，將來西方極樂世界阿彌陀佛涅槃之後，觀世音菩薩將補佛位，成為下一位佛陀，佛號為「遍出一切光明功德山王如來」；而他的淨土稱為「一切珍寶所成就世界」，比起現在的極樂世界，更加莊嚴微妙、不可思議。

具足大悲大智大力的觀世音菩薩，總集了以下三種特質：

寓智於悲的觀自在菩薩

觀世音菩薩以「大悲救度眾生」為主要的德行，而蘊藏於大悲之後的，乃是無邊的大智，所以，在佛教界最廣為流傳的智慧經典《般若波羅蜜多心經》，即是由觀世音菩薩所宣說，所謂「觀自在菩薩，行深般若波羅蜜多時，照見五蘊皆空，度一切苦厄」，即是說明觀世音菩薩因為深了般若波羅蜜多的智慧，所以能度化一切苦厄。

「觀自在」是指每一個生命能不被任何的束縛、煩惱所糾纏而得到大自在。此外，觀世音也代表眾生心靈最深處的內在覺性，他不是來觀照他人的音，而是讓每個人觀照自己的音，如果能覺察到自己內在的覺性時，自己就是觀世音。

普門示現觀世音

觀世音菩薩的另一個特色為「普門示現」，也就是表示：不管眾生有任何的需求，觀世音菩薩就會示現出相應於那類眾生的角色來救度他們。

觀世音菩薩具有由普現色身三昧現起的不可思議變化身，恆常在十方世界作無邊的救濟，使苦難眾生得到無限的安慰與清涼。這種大慈大悲的精神，使許多立志行菩薩行的生命心嚮往之，總希望在得到觀世音菩薩救助之餘，也發願與其同悲同力，效法偉大的觀世音菩薩的行徑，在十方世界救度一切有情。

觀世音菩薩是「無限的慈悲心」與「般若正智圓融無二」的具體表現，他「千處祈求千處應」的示現，也使他成為與我們娑婆世界眾生最為相契的菩薩。中國有句俗語說：「家家阿彌陀，戶戶觀世音。」正是這種現象的最佳寫照。

在中國歷史上，觀世音菩薩秉持著尋聲救苦的悲願，不斷地示現救度有情眾生，所謂「眾生被困厄，無量苦逼身；觀音妙智力，能救世間苦」；而在廿一世紀的今天，觀世音菩薩也應於迷惑苦惱眾生的需求，傾下清涼的甘露，施予救濟；而許多嚮往菩薩生命境界者，也願具足觀世音菩薩的無限悲願威力，作為觀音使者，行持大悲觀世音的救世大行。

布施無畏的勇者

因於觀世音菩薩的大悲救濟，所以又被稱為「救世尊」、「救世大悲者」；又由於他做為眾生的依怙，而使眾生不生畏怖，所以又稱為「施無畏者」。他是幾乎等同佛陀等覺位的大菩薩，原本的相貌是勇猛的大丈夫相，但是現今一般人都以為觀世音菩薩是為女身。然而由於觀世音菩薩普門示現，可以隨類現身，自然也可示現女相。

但是，在習俗上由於受到《搜神記》及道教附會的影響，認為觀世音菩薩為女性，而且是妙莊王的三女兒，妙善公主成道後的示現，這和佛教的說法完全不同。

事實上，觀世音菩薩所顯現的無邊相貌中，女身不過為其中一種。以中國隋唐時代的觀音像及日本的觀音像為例，很多形象都是蓄有鬍鬚的男相；但由於觀世音菩薩以慈悲應化，有柔和愛語的母性特質，因此他的塑像也就有了女性的表徵。

觀音的形象

化身千百億的觀世音菩薩，其形象當然是千變萬化的，更何況宇宙中有無窮的生命形態，有男女性別的欲界生命形態，也不過是其中一種。由此來看，觀世音菩薩是男是女，或是千手或是百手等等問題，我們可以更加寬廣地看待。

但是因為相應於我們這個世界眾生的因緣，或由於修法傳承上的需要，而將觀世音菩薩確立了某些固定的形象，而形成他的標誌特徵。例如，觀世音菩薩最著名、普遍廣為人知的形象，就是以女性慈母形象出現，手持淨瓶、楊柳，以甘露滋潤苦痛眾生。尤其是在中國，這樣的觀音形象更是普遍。

此外，流傳在民間有所謂的三十三體觀音；在密教中也有六觀音的說法；金剛界、胎藏界的觀音又各有不同的形態。以下我們就常見的幾種類型來介紹觀音的形象。

極樂世界的觀音形象

極樂世界的觀世音菩薩，可以說是一切觀音的本位。

在《觀無量壽經》中說：菩薩身長八十萬億那由他恆河沙由旬，身上皮膚的顏色是紫金色，頂上有肉髻，頭上有毗楞伽摩尼寶製成的天冠，特別的是天冠中有一尊立佛——阿彌陀佛，高有二十五由旬。眉間白毫相具足七寶顏色，演流出八萬四千種光明，每一光明中亦有無數化佛、化菩薩。項有圓光，光中有五百化佛，每一化佛又各有五百化菩薩、無量諸天作為其侍者，全身光明中，示現有五道眾生的一切色相。其變現自在，能遍十方世界。

菩薩的臂如紅蓮華色，有八十億光明以為瓔珞，在瓔珞中普現一切諸莊嚴事。手掌也有五百億雜蓮華色，雙手十指的一一指端，有八萬四千畫，猶如印文，一一畫有八萬四千色，一一色有八萬四千光，其光柔軟，普照一切，以此寶手接引眾生。舉足之時，足下有千輻輪相，自然化成五百億光明台；下足時有金剛摩尼華布散一切，無不彌滿。

觀音的形象圓滿具足，與佛沒有差別，只有頂上的肉髻以及無見頂相不如佛陀。

【持蓮花手觀音】

為了接引眾生往生西方極樂世界，觀世音菩薩亦有持金剛蓮台的形象。這樣的形象，並不拘限以何種姿勢、何種手印為定型，而是隨順眾生需要的因緣來示

現，所以在不同的經典中，亦會描繪出不同的相狀。

例如在《不空羂索神變真言經》中，觀音作為彌陀的脇侍，是左手持蓮華、右手仰掌置於膝上，半跏趺坐。不過其中「頂上立化佛」是比較與眾不同的特徵，可以算是觀音的註冊標誌了。這尊立佛，一般都認為是阿彌陀佛，亦即無量壽如來。

三十三種應化身

據《法華經》卷七〈觀世音菩薩普門品〉中所言，菩薩有三十三種應化身，這些應化身都是：眾生應以何身得度者，菩薩即現何身而為其說法：

應以童男童女身得度者，即現童男童女身而為說法；應以佛身得度者，即現佛身而為說法。

由此可知，觀世音菩薩並不一定以菩薩的形象出現，他可能化現為婆羅門，可能是比丘、比丘尼，也可以是帝釋身、大自在天身、夜叉身、阿修羅身。這種種身都是為了大悲教化眾生而隨順應現的。

依據〈普門品〉中所記載，觀世音菩薩的三十三種應化身分別是：

1.聖者三尊：(1)佛身、(2)辟支佛身、(3)聲聞身，這是屬於入於聖者之流的三種化身。

2.天界六尊：(4)大梵王身、(5)帝釋身、(6)自在天身、(7)大自在天身、(8)天人身、(9)毗沙門身，這是屬於天神的六種化身。

3.道外五尊：(10)小王身、(11)長者身、(12)居士身、(13)宰官身、(14)婆羅門身，這是屬於世間受人敬重的王者、居士等五種化身。

4.道內四尊：(15)比丘身、(16)比丘尼身、(17)優婆塞（在家居士）身、(18)優婆夷（在家女居士）身，這是屬於佛教出家僧團及在家男女眾弟子。

5.婦童六尊：(19)長者婦女身、(20)居士婦女身、(21)宰官婦女身、(22)婆羅門婦女身、(23)童男身、(24)童女身。這是屬於婦女及兒童等六種化身。

6.天龍八部：(25)天身、(26)龍身、(27)夜叉身、(28)乾闥婆身、(29)阿修羅身、(30)迦樓羅身、(31)緊那羅身、(32)摩睺羅迦身。這是屬於天龍八部等佛教護法的化身。

7.金剛一尊：(33)執金剛身，這是屬於金剛界的化身。

六觀音

「六觀音」是較有系統地歸納觀音的形象，並成為化導救渡六道眾生的六種觀音。

一、根據天台智者大師《摩訶止觀》卷二記載，「六觀音」為：

1. 大悲觀音：主破除地獄道的三障（三障指煩惱障、業障及業障所招感的果報之報障）。此道的眾生苦迫尤重，所以特重大悲。

2. 大慈觀音：主破除餓鬼道的三障。此道因飢渴重，所以宜用大慈。

3. 師子無畏觀音：主破除畜生道的三障。此道的獸王威猛，所以宜用無畏。

4. 大光普照觀音：主破除阿修羅道的三障。此道的眾生多猜忌嫉疑，故適宜用普照。

5. 天人丈夫觀音：主破除人道的三障。所謂天人丈夫的名號來由，是因人道中有事也有理，在事相上能降伏驕慢，所以稱為天人，若是在理上則是能見佛性，所以稱為丈夫。

6. 大梵深遠觀音：主破除天道的三障。這是因為大梵是天王的標幟，是天人之王，代表能得諸臣，而降伏一切。

【手持楊柳觀音】

二、東密也以下列六種觀音作為六道的救度者：

1.聖觀音：主救度餓鬼道眾生。

2.千手觀音：主救度地獄道眾生。

3.馬頭觀音：主救度畜生道眾生。

4.十一面觀音：主救度阿修羅道眾生。

5.準提觀音：主救度人間道眾生。

6.如意輪觀音：主救度天道眾生。

三、日本台密系統，則是以聖觀音化導地獄道，千手觀音化導餓鬼道，而不空羂索觀音化導人道。因此，以東密的六觀音除去準提觀音，加上不空羂索觀音而為台密系統的六觀音。但也有綜合台密與東密的說法，而納入準提、不空羂索觀音，成為七觀音者。

另於諸經中尚有八大觀音的說法，然所列諸尊各有出入，其中以「不空羂索、毗俱胝、十一面、馬頭、忿怒鉤、如意輪、不空鉤、一髻羅剎」或「如意輪、觀自在、得大勢、多羅、毗俱胝、白處、一髻羅剎、馬頭」等二說較為普遍。

三十三體觀音

所謂三十三體觀音，是觀世音菩薩在法界本位中，應緣而化現的應化身，基本上全部都是示現為菩薩形。只是這些形象有些並非經典所記載，但是卻因為各種靈驗應化、救苦救難等的事蹟，而流傳於民間為大眾所崇仰。

另外，《阿娑縛抄》有二十八化身觀音之說；《千光眼觀自在菩薩祕密經》說有二十五化身，也有四十觀音；《首楞嚴經》有三十二應身；西藏經典有三十八化身等等說法。或許，往後還會因菩薩的悲願力而再加添。現在據《佛像圖彙》中記載的形象，來說明三十三體觀音：

1. 楊柳觀音

觀世音菩薩為了利益眾生，都是隨順眾生的願望而示現的，就如同楊柳隨風飄盪而不違逆一般，因此才得此名；有時楊柳也表示為眾生拂去身上種種的病難。此尊的形象一般常見為：踞坐岩上，右手執楊柳枝（有說表

示千手觀音之楊柳手三昧），左手掌張開，放掌於胸前；或是左手持著淨瓶。

2.龍頭觀音

表現站立或坐在雲中乘著龍頭的姿勢，被認為是三十三身觀音教化天龍的化身。這是以龍為獸中之王，比喻觀音的威神。

3.持經觀音

坐在崎嶇的岩石上，右手執經卷，左手置於膝上；或認為是三十三身觀音內的聲聞身，即聲聞觀音。（聲聞是指：聞佛聲教導而開悟出家。）〈普門品〉說：「應以聲聞身得度者，即現聲聞身而為說法。」持經卷為其特色。

4.圓光觀音

在圓光火焰光明中現出色身，合掌坐於岩石上，〈普門品〉有「無垢清淨光，慧日破諸闇，能伏災風火，普明照世間」這一段經文。《佛像圖彙》第一所繪形象，背上有火焰光明，端坐岩石之上。

5.遊戲觀音

此尊以遊戲自在、無滯無礙，故有此稱。乘坐五彩雲，左手置放於偏臍處，作遊戲法界自在無礙之相，有人認為是〈普門品〉中「或被惡人逐，墮落金剛山，念彼觀音力，不能損一毛」這一段文句，是菩薩救護墮山急難之眾生的象徵。

6.白衣觀音

著白色衣衫，坐於敷有軟草的岩石上，手結定印，結跏趺坐。這個形象，或認為是三十三身觀音內的比丘、比丘尼身。

7.臥蓮觀音

坐於池中的蓮華座上，手成合掌的姿勢；或認為是三十三身觀音內的小王身，譬喻小王尊貴之身坐臥蓮上。

8.瀧見觀音

又名飛瀑觀音，倚於斷崖上觀瀑布的姿勢；或認為即是〈普門品〉中「若有眾生掉入大火坑，如能念稱觀音之名，菩薩即應聲救之，使火坑變成池」這一段文意的象徵。

9.施藥觀音

坐於池邊，注視蓮華，右手撐頰，倚於膝上；或有認為是〈普門品〉中

「或在須彌峰，為人所推墮，念彼觀音力，如日虛空住」的文句象徵。

10.魚籃觀音

專門祛除羅剎、毒龍、惡鬼等障礙，其形象或有乘騎大魚，或是手提裝有大魚的籃子，據傳即是龐蘊大士的女兒；或認為是〈普門品〉中，「或遇惡羅剎，毒龍諸鬼等，念彼觀音力，時悉不敢害」的文句象徵。此係起源於中國唐代民間之信仰，現今盛行於日本。或謂魚籃觀音乃馬郎婦觀音；也有說魚籃觀音之像，乃唐代人誤以龐蘊居士之女靈照持籃之像訛傳而來者。

11.德王觀音

趺坐於岩石上，左手置於膝上，右手持綠葉或柳枝一枝；或認為是三十三身之一，即〈普門品〉云「應以梵王身得度者，即現梵王身而為說法」中的梵王身。蓋梵王乃色界之主，其德殊勝，故稱德王。

12.水月觀音

在月光下乘一葉蓮華舟，盪於

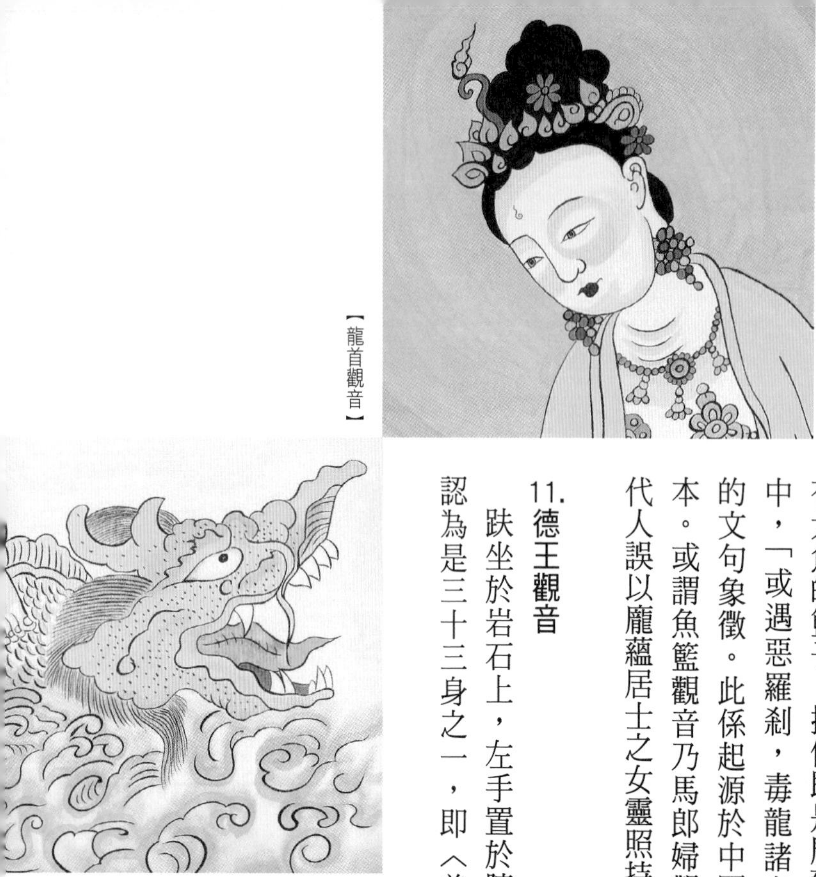

【龍首觀音】

海上，寂靜地觀水中之月相；或認為是三十三身中的辟支佛身。

13. 一葉觀音

乘一片蓮華，悠然漂盪於水面上，又作蓮葉觀音、南溟觀音。因觀音大士乘一片蓮葉浮於水上，故有此名。相傳日僧道元自中國歸返日本途中，於南溟山遇到暴風，此時道元於船上默禱，忽然見到大悲尊乘一蓮葉浮於海上，風浪遂停止了。登岸以後，道元師自刻其所睹觀音像，安奉於南溟觀音寺，因此有「南溟觀音」之號。

或認為是三十三身內的宰官身，或是〈普門品〉所說「若為大水所漂，稱其名號，即得淺處」的象徵。依《佛像圖彙》所繪形象，此尊坐葉上，左膝屈立，左手置膝上，右手垂下支撐其身，眺望水上，作深思冥想相。

14. 青頸觀音

坐於斷崖之上，右膝立起，右手放在膝上，左手扶著岩壁；或認為是三十三身中的佛身。相傳此觀音惟恐毒藥傷害眾生，因自飲毒而成為青頸。

15. 威德觀音

右手著地，左手持蓮華，在岩上觀水的姿態；或認為是三十三身內的天大將軍身，以天大將軍威德全備，故名威德觀音。是折服之威與攝取愛護之德兼備的觀音。

16. 延命觀音

倚於水邊岩上，悠然而欣賞水面景物；或認為是〈普門品〉內「咒詛諸毒藥，所欲害身者，念彼觀音力，還著於本人」一文的象徵形象。此觀音以能除諸毒害壽命之物，而得延命，故名為延命觀音。其形象為：頂上戴大寶冠，相好慈悲柔和，蓮華月輪遍住圓光，身著瓔珞、妙鬘及天衣莊嚴，引接救護眾生的二十臂是其特色。

17. 眾寶觀音

右手著地，右足伸展，左手置於立著的膝上，現安穩之相；或有認為是三十三身內的長者身。或有認為〈普門品〉有「若有百千萬億眾生，為求金銀、瑠璃、硨磲、瑪瑙、珊瑚、琥珀、真珠等寶，入於大海，假使黑風吹其船舫，飄墮羅剎鬼國，其中若有乃至一人，稱觀世音菩薩名者，是諸人等，皆得解脫羅剎之難」，乃其由來。

18. **岩戶觀音**

端坐於岩石洞窟內，自在地欣賞水面。或認為是〈普門品〉中「蚖蛇及蝮蠍，氣毒煙火燃，念彼觀音力，尋聲自迴去」一文的象徵形象。因蚖蛇、蝮蠍等毒蟲多住於岩窟中，故傳說觀音端坐危險岩窟，救護眾生；若念此觀音力，可應時消散其毒氣，故此觀音之畫像大多採端坐於岩窟之姿。

19. **能靜觀音**

佇立海邊岩上，作寂靜相；或有認為是〈普門品〉中「假使黑風吹船舫，飄至羅剎鬼國，其中若有乃至一人稱觀音菩薩名者，是諸人等皆得解脫羅剎之難」的象徵形象。

20. **阿耨觀音**

「阿耨」是指阿耨達池，又稱阿耨大泉，譯作無熱池。此菩薩形為左膝倚背在岩石上，兩手相交，遠眺海面。有人認為是〈普門品〉中「若有人在海上遭遇龍魚諸鬼大難時，念此觀音力，則可免除風浪之險」的象徵形象。

21. **阿摩提觀音**

即無畏觀音。其形象有白肉色，三目四臂，騎乘白獅，周身充滿光焰，著天衣瓔珞等，是用以代表莊嚴；面貌慈悲，專心諦視左方狀。而在此三十三觀音內所現的姿態是：左膝倚於岩上，二手置於膝上。或有認為是三十三身中的毗沙門者。

22. 葉衣觀音

坐於有草的岩石上，或有認為是三十三身中的帝釋身。

23. 琉璃觀音

別名高王觀音。乘一葉蓮華瓣，輕飄於水面，雙手捧琉璃壺。或有認為是三十三身中的自在天身。

24. 多羅尊觀音

又稱救度母觀音，全身直立乘於雲上的姿勢。有人認為是〈普門品〉中「或值怨賊繞，各執刀加害，念彼觀音力，咸即起慈心」一文的象徵。

25. 蛤蜊觀音

以其坐於蛤蜊中，故有此稱。

【楊柳觀音】

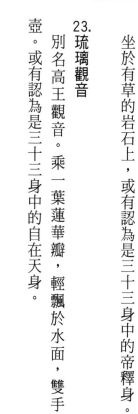

此乃起源於唐朝以後之信仰，非經軌中所載。據《佛祖統紀》卷四十二唐文宗開成元年條記載，唐文宗食蛤蜊，有擘而不開者，於是焚香祈禱，蛤蜊忽張開，其上立有觀世音菩薩像，帝乃詔終南山惟政禪師問此因由，後並詔告天下寺院立觀音像。此為蛤蜊觀音信仰之濫觴，普遍為漁民所崇信。《佛像圖彙》卷二認為是三十三身內的菩薩身。

26.六時觀音

取觀音大悲甚深、於晝夜六時常哀愍護念眾生之意，故稱六時觀音。《大唐西域記》第二中言：從前北印度「合六時為一日一夜」，從晝至夜一日分為六時，而且一年分「漸熱時、盛熱時、雨時、茂時、漸寒時、盛寒時」，因此一年亦稱為六時；所以六時觀音也解釋作「常視眾生觀音」。世間通行形象為持梵筴，此梵筴是六字章句陀羅尼；誦此陀羅尼則得脫六道苦果，得六妙門，證六根相應。有認為是三十三身中的居士身。

27.普悲觀音

雙手牽法衣垂於前方，立於山岳之上。乃慈悲愛愍普及一切眾生的觀音，其慈悲廣遍三千大千世界。有人認為是三十三身中的大自在天身。大自在天乃三界之最高神，以其威德殊勝，普照一切，而配以觀音平等普遍之慈悲，故稱普悲觀音。

28.馬郎婦觀音

相傳唐朝時，菩薩化身為一美麗女子，為勸發大眾學佛，遂以誦經最多者即嫁之為妻，最後依約嫁與一馬姓青年，所以才有此名。或有認為是三十三身中的婦女身。也有馬郎婦觀音形象為：右手持《法華經》，左手執頭骸骨，女人形。

29.合掌觀音

立於蓮華台上，作合掌手勢，以其虛（空）心合掌之故而稱之。或認為是三十三身內的婆羅門身。

30.一如觀音

坐於雲上之蓮華座，豎立左膝，有降伏雷電之姿。或認為是〈普門品〉中「雲雷鼓掣電，降雹澍大雨，念彼觀音力，應時得消散」一文的象徵形象。

31.不二觀音

其像為兩手相叉，乘一片浮於水面之蓮葉。或認為是三十三身中的執金剛神身。此執金剛神為佛的守護神，此係跡身故，係本跡不二之義，稱不二觀音。

32.持蓮觀音

乘坐蓮葉，兩手執蓮莖。或認是三十三身內的童男童女身。

33.灑水觀音

右手執灑杖或楊柳枝，左手執灑水瓶器，作灑甘露水相。或認為是〈普門品〉中「若為大水所漂，稱其名號，即得淺處」一文的象徵。或有一說為「悲體戒雷震，慈意妙大雲，澍甘露法雨，滅除煩惱焰」的象徵。以灑水開發一切眾生佛性，乃此灑水觀音之誓願。

這些觀音形象，在有些書籍中的說法並不統一。而且與〈普門品〉中的三十三化身或經文相配合，也只是其中的一種說法而已。除了在《佛像圖彙》的三十三體觀音外，尚有「送子觀音」最為有名。

在各個經軌中，我們都可見到化現無數形象的觀音，皆是觀世音普門示現、隨機應緣救濟眾生所致。

觀音居住的淨土

觀世音菩薩依於各種因緣，在過去、未來或各個教化之土，以及在經典中，也都有各種屬於觀世音菩薩的淨土介紹。

極樂世界

從娑婆世界過十萬億佛土，就是西方淨土所在，現今是阿彌陀佛為法王，淨土名為極樂世界，而觀世音菩薩與大勢至菩薩正是阿彌陀佛之兩大脇侍。在觀世音菩薩的本生因緣中，其與阿彌陀佛於往昔常為父子，一起修學佛法，願行菩薩道，因此在阿彌陀佛成佛圓滿淨土時，觀世音菩薩便為其身旁二大菩薩之一，幫助其教化極樂淨土的眷屬。因此，勸發娑婆世界眾生往生西方極樂世界安養，也成為觀世音菩薩的願力。

如果有人在臨命終時，一心正念阿彌陀佛，除了阿彌陀佛會來接引之外，觀世音菩薩也會持蓮台來接引往生者；甚至稱念觀世音菩薩名號，意欲往生西方極樂世界者，也能依願往生。

眾寶普集莊嚴世界

根據《觀世音菩薩授記經》上所說，在西方極樂世界阿彌陀佛涅槃後，正法滅時，觀世音菩薩即成正等正覺，名號為「遍一切光明功德山王如來」或稱為「普光功德山王如來」，而世界名即為「眾寶普集莊嚴或是一切珍寶所成就世界」，這就是觀世音菩薩在未來的淨土，是菩薩成就佛果所圓滿的淨土。

毛孔淨土

在《大乘莊嚴寶王經》中，觀世音菩薩入於阿鼻地獄之中，救度一切受大煩惱諸有情時，地獄放大光明，由此因緣，佛陀才說明菩薩之種種威德不可思議方便之力，其中尤其是觀自在菩薩身上毛孔的功德最是殊勝。菩薩的各個毛孔世界如虛空界亦無障礙，所以，普賢菩薩曾入於其中遊行了十二年，還找不到邊際，而且其每一毛孔各有百佛住在其中。這樣的毛孔淨土是菩薩殊勝的報身土。

在毛孔淨土中，其中有一名為灑甘露毛孔淨土，經中佛言：「善男子！彼菩薩身而有毛孔名灑甘露，於是毛孔之中有無數百千萬俱胝那庾多天人，止住其中，有證得初

【蓮花手觀音】

地、二地乃至有證十地菩薩摩訶薩位者。」這是說明其中居住的有情。而其自然環境是：「有六十金銀寶山，其一一山高六萬踰繕那，有九萬九千峰，以天妙金寶周遍莊嚴，一生補處菩薩於彼而住。」又有音樂常常演奏，以天摩尼妙寶周遍莊嚴的無量宮殿，可以令看見的眾生安穩舒適，而且宮殿中各有菩薩宣說微妙之法。宮殿外又有水池，池中有八功德水，並有花朵生長於其中，有金銀為葉、各種珍寶莊嚴其上的樹。生活在其中的菩薩都依此聞法思惟，入慈心三摩地。以上是灑甘露毛孔淨土的情形。

還有金剛面毛孔、日光明毛孔、帝釋王毛孔、大藥毛孔、繢畫王毛孔、幡王毛孔等等毛孔淨土。種種不可思議的毛孔世界，都是觀自在菩薩入於無相之故，而示現大身，無智無得而具不可思議變化，以救度眾生。有心學習菩薩願行，欲往生菩薩的淨土，亦可選擇此殊勝而無有邊際的觀音毛孔淨土。

娑婆世界的補陀洛山

佛陀在世時，觀世音菩薩在娑婆世界已有聖地道場，這個聖地稱為補陀洛山，位在印度南方，釋迦佛曾經到這個補陀洛山的宮殿講經說法，並與觀世音菩薩一起教化眾生，有些經典就是在此宣說的，所以補陀洛山是很有名的觀音道場，屬觀音淨土。

更由於菩薩普門示現的悲願，印度之外的佛教徒雖然遠離觀音在娑婆的補陀洛山淨土，但依然能蒙菩薩大悲雨潤，見到菩薩種種應化妙跡。因此之故，印度之外的眾生從古以來，亦有以「補陀洛」為名的觀音道場出現，為當地人所崇仰，據說共有七處：印度南方錫蘭的普陀山、中國大陸東海外的普陀山（「普陀」之音取自「補陀洛」）、西藏拉薩的布達拉宮、中國熱河承德的補陀洛寺、朝鮮的洛山、日本紀伊的補陀洛等。以下舉最有名的印度、中國與西藏來作說明：

補陀洛山

在《華嚴經》中，善財童子往補陀洛山觀音道場時，曾對此地有些具體的描寫：

「……於南方有山，名補怛洛迦，彼有菩薩有名觀自在。汝詣彼問菩薩云何學菩薩行，修菩薩道，即說頌曰：海上有山多聖賢，眾寶所成極清淨，華果樹林皆遍滿，泉流池沼悉具足，勇猛丈夫觀自在，為利眾生住此山……」

當善財童子進入此淨土，看到西面有巖谷，巖谷之中有泉流相縈映，樹木蒼綠濃密，草地柔軟芬芳，以右旋的方式布滿地面。觀自在菩薩在金剛寶石上結跏趺坐，有無量菩薩恭敬圍繞其旁，安坐寶石上聽菩薩宣說大慈悲法門。菩薩住在此自然環境舒適美妙之處，亦與居此的無量眷屬菩薩說法，而構成法雨滋潤的淨土道場。

「補陀洛」是音譯，意思是：光明的樹，並有香花常開，所以此山又稱為光明山，又稱為小樹莊嚴山、小花山。而且此音在古代梵語中又有船、港的意思，所以由此也表徵出補陀洛山的所在地理特徵：距海港近或甚至是海中島嶼，所以經中才說海上有山。中國浙江省的觀音聖地普陀山也就是海上一島。這是補陀洛山的名義。

根據玄奘的《大唐西域記》中說：「秣羅矩吒南方海濱有一座秣剌耶山，秣剌耶山的東方有座布怛洛迦山，此山山徑非常危險，巖谷崎嶇嶮峻，山頂有水池，其水澄清如鏡，有大河繞山，周流二十市，流入南海。水池旁有石天宮，觀自在菩薩往來遊息。發願要見到菩薩的人，不顧身命，涉水登山，忘卻沿途險難，然能到達此山者甚為稀少。惟山下的居士，如果能虔心祈求瞻仰菩薩的容貌，則菩薩有時示現自在天身，有時示現塗灰的外道身，來安慰勸喻此人，滿足他的祈願。」這是唐代時印度補陀洛山的情形。文中說，在巖谷崎嶮的山頂池旁有菩薩化現的跡息，並有大河流圍繞著山邊流入南海，頗符合海（水）中之島（山），以及「南海觀音」之稱。

許多信眾、修行者，都虔誠仰求此地而欲見菩薩，這與南海普陀山的情況也頗有異曲同工之妙，可見補陀洛山作為觀音的聖地淨土，確實歷史悠久。近代學者認為此地在南印度哥摩林（Comorin）岬附近，馬萊亞山（Malaya，玄奘所指的秣剌耶山）東方巖谷崎傾的山丘，而此處在古代可能有海流或水流。

普陀山

中國大陸有所謂四大名山，是四位大菩薩之應化事蹟之四土，其中浙江省定海縣東海外舟山群島的島嶼之一——普陀山，即是觀世音菩薩的娑婆世界所示現的淨土，以應化中土有緣眾生。

普陀山有關菩薩靈驗應化的事蹟不勝枚舉。曾有一位日本和尚慧鍔到中國來，在五台山偷了一尊觀世音菩薩像，欲乘船由東海回到日本，卻在普陀山這個地方被風浪困住，甚至船欲行走時，海中生出鐵蓮花阻斷前途，使日本僧人的船動彈不得，後來不得不將觀

【妙行觀音】

音像留在附近的島嶼山上，即今日的普陀山上，成了「不肯去觀音」。

山上也建了一座不肯去觀音院，從此普陀山上供奉觀音的寺院愈來愈多，各種菩薩的示現感應也愈來愈多，聲名遠播，使此地成為觀音在中國的淨土道場。信仰觀世音菩薩者無不以來此朝聖瞻仰為一重要心願，祈求能得見菩薩的慈容法相。

西藏的布達拉宮

西藏的拉薩有座紅山，相傳是觀音的本尊所在，所以藏人在此建立觀世音菩薩的道場，並取了與印度本處同音的名字——「布達拉」（補陀洛），而西藏佛教的領袖達賴喇嘛被認為是千手觀音的化身，所以就居於布達拉宮，形成在西藏的觀音道場。

除了以上所介紹的觀世音菩薩淨土，另外在《千手千眼大悲心

陀羅尼經》中，佛陀也說出，觀世音菩薩在過去無量劫中已然成佛，名號為「正法明如來」；依理而言，佛之功德圓滿必具有佛國淨土，所以既已成佛，也就有正法明如來淨土。這是菩薩過去的佛國淨土。

以上這些淨土都是觀世音菩薩的淨土，包括過去正法明如來淨土、未來眾寶普及莊嚴世界、現在補陀洛山（普陀山、布達拉宮）、極樂世界、毛孔淨土等，其實，就體性上來講，它們是三世一如，都是法界體性中自然的現起。

觀音菩薩的眷屬

諸佛菩薩皆具有無量的眷屬，觀世音菩薩當然也是如此。由於觀世音菩薩有無邊的化現，因此所有的觀世音菩薩化身及眷屬，皆可視為觀世音菩薩的眷屬。

觀世音菩薩在十方世界中都有化現，如在西方極樂世界時，除了主尊阿彌陀佛外，極樂世界的諸尊都可視為其眷屬。而在《大乘莊嚴寶王經》中，觀世音菩薩示現毛孔淨土，住在觀世音菩薩毛孔中的無量菩薩、天人，乃至於補處菩薩，都是其眷屬。而在《華嚴經》中所述，在普陀山中，聽聞觀世音菩薩大悲法門的無量菩薩，都是其眷屬。

此外在《攝無礙大悲心大陀羅尼經軌》中所出的補陀洛海會諸尊中的不空羂索觀音、毗俱胝觀音、十一面觀音、馬頭觀音、忿怒鉤觀音、如意輪觀音、不空觀音、一髻羅剎觀音，諸觀音的化身及護法、仙人等，都是觀音的眷屬。

除了《攝無量軌》之外，千手觀音的二十八部眾，可說是最為著名的眷屬眾。

觀音二十八部眾，是千手觀音在弘法上的二十八部眷屬，也是擁護觀音法門修持者的良善鬼神眾。

千手觀音是國人所常持誦之大悲咒的本尊。持誦大悲咒的人，除了蒙受到該神咒的直接法益，及觀世音菩薩的護念之外，大梵天王還會派遣二十八部善神，各率五百眷屬及大力夜叉來保護他。

《大悲心陀羅尼經》中說：「其人若在空山曠野獨宿孤眠，是諸善神，番代宿衛，辟除災障。若在深山，迷失道路，誦此咒故，善神龍王，化作善人，示其正道。若在山林曠野，乏少水火，龍王護故，化出水火。」可見二十八部眾與大悲咒行者，也有密切的關係。

依據《千手陀羅尼經》所載，條例二十八部眾的尊名。並依日僧寬信所繪的尊像圖，參考《千手造次第法儀軌》所載，略述其形象如下：

1. 密跡金剛力士烏芻君荼鴦俱尸：忿怒面，赤肉色，左手插腰，右手持三鈷杵，身著甲冑。
2. 八部力士賞迦羅：面容極為忿怒，身赤肉色，左手安於腰際，右手掌向外，腰著青衣。
3. 摩醯那羅延：頭著金剛甲，左手當胸手掌向外，右手舒肘向前，取大刀刺地。
4. 金剛陀羅迦毗羅：面及身色同前，左手安於腰際，右手向胸前，

【甘露觀音】

掣大刀，身著甲冑。

5.婆馺婆樓羅：面白黃色，忿怒形，頭著金甲，左手舉於胸前，掌向外，指端垂下，右手握大刀，著甲冑。

6.滿善車鉢真陀羅：面作微笑形，左手握拳安於腰際，右手當胸取蓮華，著青色袈裟。

7.薩遮摩摩和羅：面呈微笑並稍帶瞋怒，頭著天冠，微舉左臂，仰掌舒五指，右手當胸持斧鉑，莊嚴如天女。

8.鳩蘭單吒半祇羅：面帶微笑，青色，左手當胸，覆掌舒五指，右臂垂下持大刀，身著甲冑。

9.畢婆伽羅王：面現微笑又帶忿怒，白赤色，頭有金甲，左手握拳安於臍部，右手持三戟，著金胄。

10.應德毗多薩和羅：輕微忿怒面，頭有玉冠，左右手各持獨鈷杵。

11.梵摩三鉢羅：面如天女，頭戴天冠，左手安於臍邊，右手當胸持白拂，瓔珞莊嚴如天人。

12.炎摩羅：忿怒面，仰視上空，青綠色，左手當胸，右手舒臂覆掌，五指散開安於腰下。

13.釋王：左手握拳安於腰際，右手持獨鈷杵，著草鞋。

14.大辯功德娑怛那：如吉祥天女，左手舉臂，持赤蓮華，右手當胸，掌向外，捻大指、頭指。

15.提頭賴吒王：忿怒面，左手安於腰際，右臂上舉持三鈷杵，身著甲冑。

16.神母女等大力眾：仰左掌於胸前，右掌向外捻大指、頭指。

17.毗樓勒叉：左臂上舉持三叉戟，右手安於腰際持大刀，身著甲冑。

18.毗樓東博叉毗沙門：左手持塔，右手持三鈷戟。

19.金色孔雀王：雀頭人身，左右手各持孔雀足一隻以為杖。

20.二十八部大仙眾：仙人形，左臂上舉持經卷，右手當胸持杖。

21.摩尼跋陀羅：面如天人貌，赤髮，以花嚴飾，二手合掌。

22.散支大將弗羅婆：微笑忿怒面，白色，頭戴天冠，左手當胸，以大指捻頭中二指，右手持大刀。

23.難陀跋難陀：面極忿怒，青綠色，頭上有龍，左手上舉於胸前，掌心向外垂五指，右手安於腰際執三叉戟，身著甲冑。

24.娑伽羅龍伊鉢羅：忿怒面，青黑色，以二手持大刀刺地。

25.修羅乾闥婆：三面六臂，各面有三目，白色，左右第一手當胸合掌，左第二手持蓮華，右第二手持輪，第三手左右臂共舉持日輪。

26. 迦樓緊那摩睺羅：面極忿怒，白赤色，頭上戴白馬頭，左手插腰，右手高舉於頭，橫持大刀，著甲冑。

27. 水火雷電神：水雷電神，面極忿怒，赤黑色，左手覆掌於胸前，右手舒臂散五指，作壓地狀，立於黑浪中。水雷電神，面如惡鬼形，青色，二手胸前內縛，舒二中指，屈頭指相拄，立於波浪中。

28. 鳩槃荼王毗舍闍：鳩槃荼王係黑色長鼻瞋怒形，左持戰具，右執索；毗舍闍係黑赤色、大目瞋怒形，左手持火玉。

二十八部眾與千手觀音的信仰並行於世，後世相關的造像頗多。在中亞高昌出土的壁畫斷片中，站立於千手觀音身側的三眼神將像等護法神像，即二十八部眾。

觀音的幸福力

眾生被困厄，無量苦逼身，觀音妙智力，能救世間苦。
具足神通力，廣修智方便，十方諸國土，無剎不現身。

——《妙法蓮華經‧觀世音菩薩普門品》

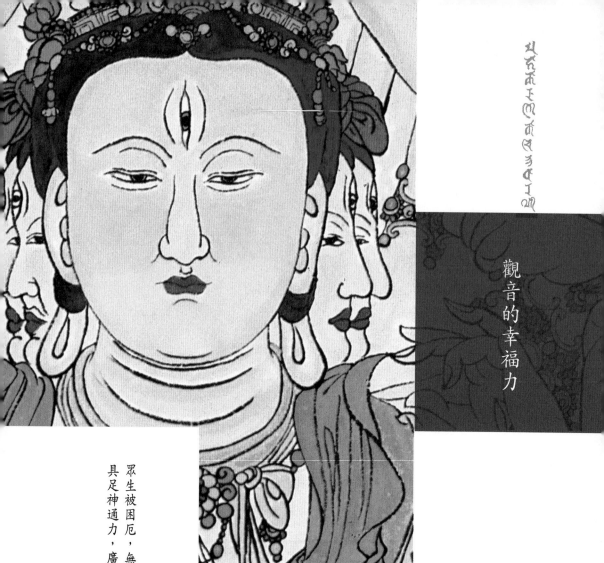

觀音的幸福力

1 慈悲。千手觀音
2 智慧。般若觀音
3 願景。大聖觀音
4 專注。寂定觀音
5 精進。馬頭觀音
6 喜樂。多羅菩薩
7 安忍。甘露觀音
8 無畏。十一面觀音
9 健康。藥王觀音
10 財富。如意輪觀音
11 事業。龍首觀音
12 愛情。不空羂索觀音

01 慈悲。千手觀音

大悲觀自在，
具足百千手，
其眼亦復然，
作世間父母，
能施眾生願。

——《千光眼觀自在菩薩祕密法經》

在諸尊觀音中，具足千手千眼的千手觀音，特別象徵著觀世音菩薩度化眾生廣大的慈悲心。

廣大的慈悲心，是一切諸佛圓滿成就的根本。「慈」是給予喜樂，「悲」是拔除痛苦，真正的慈悲是不伴隨任何條件的。

慈悲不同於愛心。愛心有「能給」的人與「所給」的對象，有主體與客體的分別，有相對，有期待。慈悲是一體的，就像右手拿東西給左手，兩者是如此自然和諧，同體沒有分別。

慈悲是同情的，是感同身受的。但是一般人的同情，往往會捲入自己和對方的情緒。很多人會誤以為，慈悲他人就是要和他一樣痛苦；其實，真正的慈悲是能幫助眾生拔除痛苦，具足智慧的慈悲是能感同身受，卻不會帶入情緒。所以慈悲的背後必定是廣大的智慧，而這種智慧，同時也是最大的悲心，是完全無我，沒有偏執，沒有情緒的慈悲心，能夠具足大力，真實地幫助他人。

什麼是有情緒的慈悲？感覺到自己能幫助別人時，就驕傲了，得意了；感覺到使不上力時，就沮喪了，難過了。這都不是真實的慈悲。

真實的慈悲，是在每一個狀況裡面都能保持圓滿的力量，來幫助一切生命，他不會那麼在意自己行或不行，只會全力以赴。

台灣每逢總統大選，許多人都得了選前焦慮症。有人問我：「選後會更好或更壞呢？」

「更好或更壞，對我來說是一樣的。」我告訴他們，「難道變得更好，我們就停止努力？或是變得更差，我們就早早放棄嗎？無論這個世界未來變得更好或更差，我們只負責努力使它不斷變得更好。」

大慈悲的背後一定是大智慧。真正的大智慧，不是冰冷的知識，而是含融著大慈悲。真正的大智慧，是了知法界同體無別的實相，也就是「無緣大慈，同體大悲」。真正的慈悲，必是超越情緒的，以我們希望幫助者最大的利益來成就他，不會生起執著。

慈悲，並不是和不幸者一起無助的哭泣，也不是高高在上的施予對方救濟，而是如同佛陀供養佛陀一樣，自然、平等。慈悲，是觀照自心最深層的內在，從甚深的智慧中，了悟一切生命同體無別的實相，自然生起的大悲心。

向內觀照，真實對自己慈悲，完全接納自己，與自己身心完全和諧統一。只有對自己完全慈悲，才有力量真實對別人慈悲。只有對自己越慈悲的人，才能真正對這個世界慈悲。

經典故事

在經典中，我們經常可以看見佛陀智慧、溫柔的慈悲。

有一次，佛陀發現一個僧人，身患令人厭惡的疾病，污穢不淨，躺在地上。於是佛陀在阿難陀協助之下，為病僧洗滌，親手把他扶起，讓他安睡在床上。而後佛陀召集僧眾，告訴他們說，如有僧團內的弟兄生病了，沒有專人侍候，全體僧團就應該照料他。佛陀懇切地對眾人說：「僧人們，你們沒有父母照料，如果不彼此互相照顧，誰來照顧你們呢？凡是肯侍候我的人，都應該看護病者。」

有一首偈頌，敘述一位名叫畔多迦的人被趕出家門，來到寺院花園門口請求庇護的情形。偈頌說：「那時，世尊走來，撫摩我的頭，牽著我的手，把我領進寺院的花園裡，仁慈地給我一塊手巾擦腳。」

佛陀的慈悲，如同和徐的春風，如同應時的甘霖，潤物細無聲，那麼自然，那麼貼近我們的心。

慈悲沒有一定的樣子，慈悲不須向外馳求。

我們需要慈悲的第一個對象，是與我們二十四小時相處的自己。

請問大家：「你對自己慈悲嗎？」

是否為了事業，經常傷害自己的健康？

是否為了利益，而做了讓自己良心不安的事情？

是否為了工作，壓力大到無法入眠？

你有沒有對自己慈悲呢？有沒有照顧好自己？

有沒有每天把自己的痛苦拔除掉，給自己快樂？

有沒有給予自己的親人——妻子、先生、兒子、父母——快樂？

有沒有讓和你合作的事業夥伴、你的員工、你的同事、你的顧客感到快樂？

慈悲的幸福力，讓我們從慈悲自己開始做起！

千手觀音

千手觀音（梵名Avalokitesvara-sahasrabhuja-lo-cana），是指具有

真實的慈悲，是在每一個狀況裡面都能保持圓滿的力量，來幫助一切生命，他不會那麼在意自己行或不行，只會全力以赴。

千手、千眼，一手掌上各有一眼的觀世音菩薩，又稱作千手聖觀自在、千臂觀音、千光觀自在、千手千眼觀自在、千手千眼觀世音、千眼千臂觀世音，或稱千眼千首千足千舌千臂觀自在。在六觀音中，是主救度地獄道一切眾生的怙主。

在《千光眼觀自在菩薩祕密法經》中說：「大悲觀自在，具足百千手，其眼亦復然，作世間父母，能施眾生願。」這裡的「千」，是代表無量、圓滿之義。「千手」象徵觀音大悲利他的方便，無量廣大；「千眼」象徵觀音應物化導之時，觀察根機的智慧是圓滿無礙的。就如同母親為了照顧孩子，具足十八般武藝。

我曾寫了一首詩〈母親是一千隻手的觀世音菩薩〉，來描寫觀世音菩薩如同慈母般守護眾生的心情：

千手觀音有一千隻眼睛　每一個眼睛都觀照著眾生
媽媽也有一千隻眼睛　每一個眼睛都注照著我
千手觀音有一千隻手　每一雙手都撫慰著眾生

千手觀音的「千」，是代表無量、圓滿之義。「千手」象徵觀音大悲利他的方便，無量廣大；「千眼」象徵觀音應物化導之時，觀察根機的智慧是圓滿無礙的。就如同母親為了照顧孩子，具足十八般武藝。

媽媽也有一千隻手　每一隻手都安撫著我
千手觀音有一千隻腳　每一隻腳都為眾生奔忙
媽媽也有一千隻腳　每一隻腳都為我磨破
是通身手眼的施無畏者　在母親的懷中　自在的成長了

關於觀世音菩薩具足千手千眼的因緣，根據《大悲心陀羅尼經》所描述：過去無量億劫有千光王靜住如來出世，因為憐念一切眾生，所以宣說廣大圓滿無礙大悲心陀羅尼，當時，觀世音菩薩一聞此咒，就從初地直超第八地菩薩境界，心得歡喜，所以發心身生出千手千眼，以利益安樂一切眾生的廣大誓願，並應時身上具足千手千眼。

千手觀音的四十手隨順著眾生根機，相應於如來五部的五種法，能滿足一切願望，即是以四十手，來表示此尊的本誓。

經中並詳列有與此四十手相應之化身觀音的尊形與真言。此四十尊由千手觀音四十手所化顯的菩薩，在密教中特指稱為四十觀音。現在依據《千光眼觀自在菩薩祕密法經》、《大悲心陀羅尼經》所載，將此四十手所表徵的特德與顯化的相應四十尊觀音，略述如下：

1. 息災法佛部	化佛手（不離觀音，表不離佛邊）、羂索手（持索觀音，安穩）、施無畏手（深怖觀音，除怖），白拂手（拂難觀音，除惡障）、傍牌手（現怒觀音，辟除惡獸）、鉞斧手（鎮難觀音，離官難）、戟鞘手（破具觀音，除賊難）、楊柳手（藥王觀音，除病）。
2. 調伏法金剛部	跋折羅手（金剛觀音，降伏天魔）、金剛杵手（持杵觀音，摧怨敵）、寶劍手（寶劍觀音，降伏魍魎鬼神）、宮殿手（大勢觀音，不處胎宮）、金輪手（不轉觀音，菩提心不退）、寶鉢手（寶鉢觀音，除腹中病）、日摩尼手（日精觀音，得眼明）、月摩尼手（月精觀音，除熱毒病）。
3. 增益法寶部	如意珠手（與願觀音，豐饒資具）、寶弓手（寶弓觀音，得仕官）、寶經手（般若觀音，得聰明多聞）、白蓮手（分荼利觀音，得功德）、青蓮手（見佛觀音，生淨土）、寶鐸手（法音觀音，得妙音聲）、紫蓮手（見蓮觀音，見諸佛）、蒲桃手（護地觀音，稼穀成熟）。
4. 敬愛法蓮華部	合掌手（現敬觀音，人非人愛念）、寶鏡手（鏡智觀音，得智慧）、寶印手（智印觀音，得辯才）、玉環手（持環觀音，得男女僕使）、胡瓶手（持瓶觀音，善和眷屬）、軍持手（禪定觀音，生梵天）、紅蓮手（天花觀音，生諸天宮）、錫杖手（慈杖觀音，得慈悲心）。

5.鉤召法羯磨部

鐵鉤手（鉤召觀音，善神擁護）、頂上化佛手（灌頂觀音，得佛授記）、數珠手（念珠觀音，佛來授手）、寶螺手（持螺觀音，呼召善神）、寶箭手（速值觀音，遇善友）、寶篋手（見隱觀音，得伏藏）、髑髏手（縛鬼觀音，使令鬼神）、五色雲手（仙雲觀音，成就仙法）。

以此尊為本尊，為修敬愛、息災等法而行的修法，稱為千手觀音法，或稱千手法。此外，有以此尊為主尊而建立的曼荼羅，稱為千手觀音曼荼羅。此有數種，如《千眼千臂觀世音菩薩陀羅尼神咒經》卷上說十肘曼荼羅，《姥陀羅尼身經》所出為五重曼荼羅，《千光眼經》出三重曼荼羅，《補陀落海會乾》出六重曼荼羅。

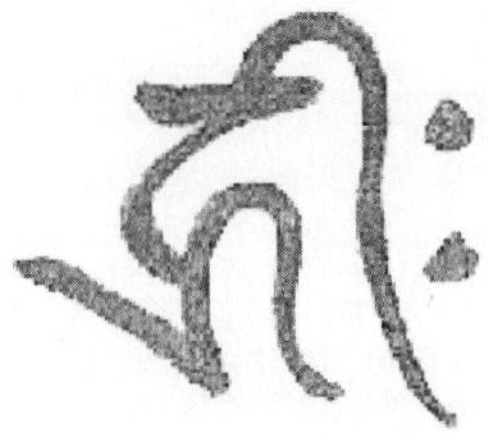

【千手觀音種子字、真言】

種子字：（hrīḥ）或（sa）

真言：

唵 縛日羅 達磨 紇哩

oṃ vajra dharma hrīḥ

歸命 金剛 法 紇哩（種子）

（關於彰顯千手觀音內證功德的根本咒——大悲咒，請參閱本書第三篇。）

般若波羅蜜多心經

觀自在菩薩，行深般若波羅蜜多時，照見五蘊皆空，度一切苦厄。舍利子，色不異空，空不異色，色即是空，空即是色，受想行識，亦復如是。舍利子，是諸法空相，不生不滅，不垢不淨，不增不減。是故空中無色，無受想行識，無眼耳鼻舌身意，無色聲香味觸法，無眼界，乃至無意識界，無無明，亦無無明盡，乃至無老死，亦無老死盡，無苦集滅道，無智亦無得。以無所得故，菩提薩埵，依般若波羅蜜多故，心無罣礙，無罣礙故，無有恐怖，遠離顛倒夢想，究竟涅槃。三世諸佛，依般若波羅蜜多故，得阿耨多羅三藐三菩提。故知般若波羅蜜多，是大神咒，是大明咒，是無上咒，是無等等咒，能除一切苦，真實不虛。故說般若波羅蜜多咒，即說咒曰：揭諦揭諦，波羅揭諦，波羅僧揭諦，菩提薩婆訶。

觀自在菩薩，
行深般若蜜多時，
照見五蘊皆空，
度一切苦厄。

——《般若波羅蜜多心經》

大慈大悲的觀世音菩薩，蘊含在其中的，是深刻的大智慧。

觀自在菩薩，是觀世音菩薩智慧的化身，也是最廣為傳誦的智慧經典《般若波羅蜜多心經》的主角，能圓滿觀照一切，使一切眾生圓滿自在的覺悟。

觀自在菩薩，正實踐著圓滿甚深智慧，到達解脫彼岸的妙行。

佛法以般若智慧為核心，也就是能向內心觀照，洞察實相的智慧。

在經典中常以眼睛導引方向的重要，來比喻一切萬行應該以智慧為前導。

而菩薩自利利他的智慧行，又稱為「般若波羅蜜」。

一切煩惱的起源，是由「色、受、想、行、識」（身體、感受、思想、生命意志、心念）五蘊所交織而成的。因為有此色身，接觸

外境而有種種感受，而產生了喜愛、厭惡等種種執取，進而推動後續的種種行為，如此輾轉輪迴不息。

觀自在菩薩，當下覺照到色身、感受、思想、心行、意識等，五種生命身心現象的存有，都是現空的。一切萬有的存在，都是由各種條件所構成的，沒有一個恆久不變的自體，是「空」的。

經典故事

在經典中，有一個遇鬼而體悟此身空幻無實的故事。有一個男子出差到遠地，途中天黑了，不巧方圓百里都沒有旅店，只有一座破落的宅子，院子裡的雜草幾乎和人一樣高了，看起來荒廢已久。

「至少足以暫時棲身一夜了！」男子快步走進空屋，解下身上的行囊。趕路趕了一天，實在也累了。就在他眼皮沉重、即將睡著之際，忽然一陣聲響將他驚醒。

只見一個青面獠牙的鬼，吃力地揹著一具死屍進到空屋。不一會兒，又有另一個面容醜陋的鬼氣急敗壞地趕來，指著先前的鬼罵道：「這個死人明明是我的，你憑什麼占為己有？」於是兩個鬼各抓著死屍的一隻手，互不相讓。

正在僵持不下，兩個鬼看見一旁早已嚇得目瞪口呆的男子。

「這兒有個人，讓他來評評理好了！喂，你說，這死屍是誰抬來的？」後來的醜陋鬼兇狠地問著。

男子結結巴巴地說：「是……是……他帶來的。」男子渾身顫抖地指著先來的鬼。

「說什麼啊！」醜陋鬼一聽大怒，就將男子的右手拔斷，憤恨地丟在地上。男子血流如注，痛得倒地呻吟。先到的鬼就趕緊把死屍的右手拔下來幫他接上。醜陋鬼一看更生氣，又將他的左手拔斷，先來的鬼又將屍體的左手拔下來為他接上。兩個鬼就這麼一來一往，結果他全身都被換上死屍的四肢、器官，兩個鬼就一起分食那個換下來的身體，吃完了抹抹嘴邊的鮮血就離開了。

這個人看著自己這個別人的身體，眼睜睜地看著兩個鬼一起吃掉他原來的身體，驚魂未定，疑惑地想著：「現在我到底是有身體呢，還是沒有身體？如果說有，這也不是我的身體啊！如果說沒有，那現在這個身體是什麼呢？」這個疑惑深深籠罩著他，無法脫出，他在路上六神無主地走著。

前方的佛寺透出亮光，透出僧眾低沉的誦經聲。天尚未亮，精進的僧侶們已經開始一天的功課。男子不知不覺被這股安定的力量吸引過去，靜靜地坐在後方，聆聽僧眾持誦著經文。

誦經告一段落，他還呆呆地坐著，身上的衣服被撕得四分五裂，沾著有未乾的血跡。

「這位施主，這麼早來參拜，莫非遭遇什麼困難？」寺裡的知客僧以為他遇到盜匪強劫，關心地問。

男子回過神，看看自己這個陌生的身體，忍不住掩面哭泣。他不知道自己是誰，或該說：誰是自己？

他向僧人述說了自己的遭遇，現在他也不確定自己到底是人還不是人。

「施主！當知此身為色、受、想、行、識五蘊所成，是地、水、火、風、空所成，唯凡人於空中執有不變、可主宰之自我，煩惱輪迴無盡。這場駭人的遭遇，卻讓你看透了生命的實相啊！」

僧人的說法，讓男子猶如大夢初醒，悟入此身無我的實相，成為阿羅漢聖者。

以智慧觀照一切存有現空的緣故，而能超越度脫一切生命的煩惱苦厄。一個能夠觀自在者，體悟了自身和對象的本質都是空的，心中沒有疑惑，沒有執著，能解脫一切煩惱，也能幫助一切生命超越煩惱苦厄。

我們的身體，有眼、耳、鼻、舌、身、意等種種感官，這六根能感通外境，產生種種感受，形成思想、心行、意識等，一環扣著一環，推動著生命不斷的存續。但是當這些內在、外在的條件一一拆解之後，卻找不到一個恆常不變的主體——「我」的存在。

周遭的萬事萬物，都是由各種條件結合而成；其中的因緣條件一旦改變，就會使主體連動的變化，甚至消失、瓦解了。

一棵樹從種子開始，不斷地蛻變，陽光、土地、水分、空氣……種種因緣條件影響著它的成長變化，它可能長成茂密的林蔭，也可能受到天災而摧折。宇宙萬象，無一不是空的顯現。了悟自身到外境，乃至宇宙萬物的實相，徹底從煩惱中解脫，正是佛法的般若智慧。

智慧不是知識，而是向內觀照，掌握萬物本質的般若智慧。這樣的心才能寂靜不動，不隨外境所轉，隨時具有觀照力，即使是面對瞬息萬變的外境，心緒也不會隨之起舞，能掌握到變動中的機會。

智慧，能讓我們隨時隨地觀察到各種條件、因緣的變化，掌握有效的資訊，卻不會被過度的資訊所迷惑。

般若觀音（持經觀音）

般若觀音，又稱為持經觀音，為觀世音菩薩的三十三種應化身之一。

在《普門品》中，無盡意菩薩請問佛陀，觀世音菩薩在此娑婆世間如何遊化？如何為眾生說法呢？佛陀告訴無盡意菩薩：「善男

般若觀音又稱為持經觀音，手持經卷也就代表著佛法的智慧，能幫助我們掌握真實的般若智慧，成為觀自在者。

子！如果有眾生，應該以佛身得度者，觀世音菩薩即化現佛身為其說法；應以辟支佛身得度者，即示現辟支佛身而為說法；應以聲聞身得度者，即現聲聞身而為說法……無盡意！觀世音菩薩成就如是功德，以種種形象，遊化各個國土，度脫眾生。」

辟支佛是指緣覺，是指在今生中，不必經由佛陀教導，能無師獨悟，生性好樂寂靜，不事說法教化的聖者。

聲聞眾則是指聽聞佛陀言語聲教而證悟的出家弟子。三十三體觀音中的持經觀音，安坐在崎嶇的岩石上，右手執經卷，左手置於上，被視為是觀世音菩薩示現度化聲聞眾的形象。

經典是佛陀宣說教法的結集，被視為智慧的象徵，手持經卷也就代表著佛法的智慧，能幫助我們掌握真實的般若智慧，成為觀自在者。

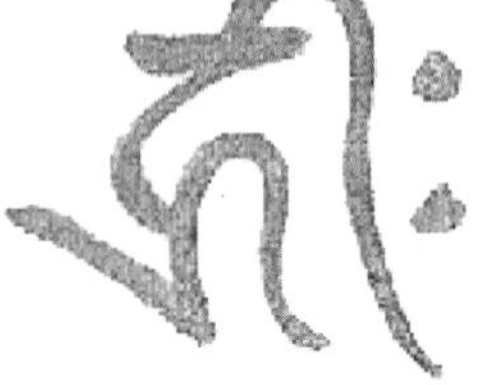

【祈願】

般若觀音　智慧無上　摩訶菩提　法爾圓滿
普願眾生　同成佛果　大悲勝願　如是吉祥
南無大慈大悲摩訶般若觀世音菩薩摩訶薩
見者成就無上菩提　普願眾生同成全佛

智慧不是知識，而是向內觀照，掌握萬物本質的般若智慧。

觀自在菩薩

在觀世音菩薩的形象中，象徵智慧的，還有觀自在菩薩，也就是《心經》中大家所熟知的「觀自在菩薩」。觀自在菩薩可以說是《心經》的說法者，也是行法者，因為他是實踐「觀自在」的菩薩，所以，廣義的說，每一個修行者實踐「觀自在」智慧者，都可以說是觀自在菩薩。

觀世音菩薩又名為觀自在，是因為其具有十種自在。這十自在是指：

1. 壽自在：能增長或減短壽命。
2. 心自在：在生死中無有染著。
3. 財自在：能隨意樂現起種種財寶，這是由於往昔布施的福德所致。
4. 業自在：於身、語、意三業能得到自在，不會被煩惱所制約。
5. 生自在：能隨心所欲到希望之處投生，這是由於過去清淨持戒所獲致的福德。
6. 勝解自在：能隨心所欲變現，這是由過去行忍波羅蜜所獲致的福報。

7.願自在：能隨心所願，實踐圓滿，這是由於行精進波羅蜜所獲致的福報。

8.神力自在：能發起最勝神通自在，這是由於禪定力所獲致的福報。

9.智自在：隨順言音智慧，獲得智慧自在。

10.法自在：對於經論法要等獲得自在，這是由於慧力所得。

由此可知，觀自在菩薩所代表的，除了蘊含在悲心之內的大智慧外，還包含了廣大的實踐力與福德力。

「觀自在菩薩」，也同時代表著兩個意義，第一是指觀世音菩薩；另一個意義是能夠成就觀自在者。所以，任何發心學習觀自在的人，都可以說是「觀自在菩薩」。

「觀自在」是指每一個生命能不被任何的束縛、煩惱所糾纏而得到大自在。觀世音也是代表眾生心靈最深處的內在覺性，不是向外追尋，而是向內覺照，覺察到自己內在的覺性時，就是觀世音。

03 願景。大聖觀音

善男子！我以此菩薩大悲行門，平等教化一切眾生，相續不斷。
善男子！我住此大悲行門，常在一切諸如來所，普現一切眾生之前。
……願常救護一切眾生。
願一切眾生，離險道怖，離熱惱怖，離迷惑怖……
願諸眾生，若念於我，若稱我名，若見我身，皆得免離一切怖畏。

——《大方廣佛華嚴經》

願景，是我們和自己及一切生命最深刻的約定，擁有願景，讓我們的生命產生了更大的價值。

願景力，是宇宙中最偉大的力量；這個力量超乎一切，是法界中運作的根本力。再大的神通力也敵不過業力，但是偉大的願力卻能扭轉業力，一切諸佛都必須依著自身的本願而行。

最深刻的願景，是對一切生命與世間最深刻的關懷，因此，莊嚴佛土，成就眾生，是菩薩生生世世不變的誓願。具體的來說，也就是我們常聽到的「四弘誓願」：「眾生無邊誓願度，煩惱無盡誓願斷，法門無量誓願學，佛道無上誓願成。」這是一切菩薩基本共通的願。不變的誓願，就像堅固的盔甲，守護著我們生生世世努力向前，不會迷失方向。

除了共通的四弘誓願之外，每一位菩薩也隨順著不同因緣，依其本願，而有特別的發心與不共的深願。例如阿彌陀佛的本願是建立法界中最清淨光明的淨土，所以他參考了二百一十億個佛土的優點，而建立了莊嚴的極樂世界，可以說是為了創建最良好的空間世界而發願的佛，他的本生就宛如今日一個建築師發願成佛一般。阿閦佛的因緣是道德高尚的世界；藥師佛則以醫藥濟世，確有其特殊的本願。

從這裡我們可以觀察到，願力如果能和我們的生活緊密結合在一起，更能發揮力量。所以，擘畫生命願景，我們可以從自己的生活經驗中出發，與自己現有的條件結合，從當下的生活與事業中，發起美麗的願景。

我自己在年輕時，本來是不敢發願的，因為我認為發出的願就要完成。當我看到「眾生無邊誓願度」，心想：這怎麼做得到呢？所以我在高中之前都不敢發願，雖然那時候對修行有一些體悟，卻不敢發願。後來我體悟到：我要以無窮之生命來度無量眾生，我對時空的關係，忽然間有一種很深刻的體解，這個發現真是令人歡喜啊！從此以後，我就可以無所畏懼的發願。

在發願之後才發覺，原來願景早已經存在那裡了，根本不在別的地方，而在我的心裡面，完全不在別處。當我體悟到這點之時，真是生命最幸福的時刻！

之後，我常一個人踽踽獨行在台北街頭，經常一走就是一、兩個小時，看著街上芸芸眾生。在公車站等車時，當夜幕低垂，我看著虛空中無量的星星，願我此身化為微塵，微塵再化為微微塵，每一粒微塵遍歷無量無邊的世界，每一個沾到此微塵的眾生，都能成證無上圓滿的大覺。當我發起這個願時，覺得自己實在是太幸福、太滿足了！天上的星星也對著我微笑了。

後來我發現，許多重要的修行法門都自然懂了，這都是因為發起悲心和願力的緣故。這時，就像擁有無量的資糧，很多東西自心中流出，很多法自然就明白了。

當我們發起願力，建構生命願景時，它就成了我們的生命藍圖，生生世世朝著這個方向而行。這是一條漫長的路，但是，我們走在這條路上不會孤單，而是很幸福。

願景是我們生命的藍圖，當我們建構了美麗的願景，生命就會朝著這個方向前進。願景力的大小，也決定了我們人生的格局。有的人在既有的條件之上建構願景，這樣就像種在小盆栽裡的榕樹，再怎麼精雕細琢，還是那麼小，在被限制的狀況中思維。只有回到我們最深層的內心，這樣才能在願景下創造條件，而非被條件限制了願景的發展。

我的一個學生，三十年前第一次和我學禪，身心產生了極大的受用。她聽到我未來計畫要到世界各地弘法教禪，就發願要幫我當英文翻譯。但是當時她的大學聯考英文是零分，為了圓滿這個心願，她開始到補習班學英文。她到不同的補習班，入門層級檢定，幾乎都被分在初級班、兒童班，但是她不氣餒，不斷努力，現在她成了專業美語教育專家，老外和她講電話，都誤以為她是道地的美國人。而她也圓滿所願，跟著我到世界各地，擔任我中英文禪法的助理講師，進行全球禪定師資培訓。

後來，她也成了我的英文老師，我在她的指導下，不到一年，在哈佛大學及麻省理工學院等地，進行英文演講。她的英文學習法著作也在近期出版了。她的體悟是：「有願，就有成就的一天！」因為願景的力量，她不會被當時自己的條件所限制，而是選擇開出生命的另一條路。

當我們立足於生命的大戰略上，就能將各種條件迅速有力地整合成有效的資源，完成自己的願景。擁有願景，讓我們具有生命的主動性，及強大的執行力，實現人生的美麗夢想！

大聖觀音有各種形象，在密教中台八葉院西南方，他頂戴寶冠上有無量壽如來，右手拿著開敷蓮花，蓮花向上伸展，左手則豎掌向外，作施無畏印。

經典故事

大慈大悲的觀世音菩薩，在久遠劫前，是在怎麼樣的因緣下發願的呢？在《法華經》中有這樣的記載。往昔過恆河沙等阿僧祇劫那麼久的時代，有一個佛世界名叫刪提嵐，當時有一位統治世界的轉輪聖王無諍念王，他有一千個王子。

有一次，無諍念王與千位王子，共同供養寶藏如來及所有的比丘僧，長達三個月之久。供養圓滿之後，大家便各自發願，將供佛的福報，迴向來世實現。國王和王子們，有的希望未來成為人王，有的迴向成為天王，有的希望具足無盡財富，有的希望自身修行解脫。可惜的是，這些願望當中，大多是人間或天上的福報，即使迴向修行，也只求自身的解脫，並沒有發大心迴向度化一切眾生成佛者。

當時，無諍念王身邊有一位智慧的大臣寶海，他經常勸發別人要發廣大菩提心。在三月供佛齋僧圓滿的當天夜裡，他做了一個奇怪的夢：夢中見到十方恆河沙佛，每一尊佛都持蓮華給他，還有種種不可思議的瑞相。

但是他卻看到無諍念王變成人形豬面，身上沾滿血跡，四面八方到處奔馳，吃食各種生命；等到吃飽後，呼呼大睡，接著竟然有無量眾生來爭食無諍念王的身體。就這樣，死亡了再投生，依然是人形豬面，再被眾生吃掉身體，再投生、再死亡。寶海驚駭地看著這幕，一轉頭，又看見諸位王子，有的是象面，有的是水牛面、獅子面，或是狐、狼、豹、豬面等，一樣到處奔馳，噉食無量眾生；接著又被無量眾生所食，和他們的父王一樣，生復死，死復生，世世都是如此。

寶海請問如來這個怪夢的緣由，得知原來這是：由於無諍念王和王子們雖然修福，卻一心求取世間的福報，所以在福報享盡之後，又落入惡趣輪轉，如此週而復始，輪轉不休。國王和太子聽了寶海的話，決定重新思惟發願。

千位王子中最年長的一位是不眴太子。他觀察眾生的種種苦惱，不禁感嘆：「我今觀察地獄眾生，有各種苦迫煩惱，而人道天道的生命，多有染垢之心，因此經常墮於地獄、餓鬼、畜牲等三惡道中。」他心中又想：「這些眾生由於沒有親近具足正見的善知識，因此退失正法，墮在大黑暗處，運用自己的各種善根，攝取種種邪曲的知見等，來蒙蔽自己的心，行於邪道。」

不眴太子看到眾生在苦中復苦，造罪業、受惡報，又再造罪，輪迴不休，不得脫出，於是他就在寶藏如來前發起大志願：「世尊！現今我以大音聲告訴一切眾生：我今所有一切善根，廣皆迴向成就無上正等正覺，願我行菩薩道時，如果有眾生受到一切苦惱恐怖等事，退失於正法，墮在大暗處，憂愁、孤苦、貧窮，無有救護、無有依止、無有房舍，如果能憶念我，稱念我的名號，如果為我天耳所聽聞，天眼所觀見，如是眾生，如果不能除滅苦惱者，我終究不成就佛果境地。」

不詢太子真心發願後，寶藏如來讚嘆地說：「善男子！你能觀察天人及三惡道一切眾生，讓他們生起大悲心，幫助他們去除一切煩惱，使其安住究竟快樂。」

同時，如來給予太子未來終將成佛的授記：「善男子！由於你的大悲誓願，現在稱你為『觀世音』。你在行菩薩道時，已經有百千無量億那由他眾生，得以脫離苦惱。你為菩薩時，已經能大作諸佛之事業，在無量壽佛入於涅槃之後，你將紹接佛位，其淨土就轉名為『一切珍寶所成就世界』……你在後夜，於菩提樹下坐於金剛座，於一念間成就正等正覺（如來），號為『遍出一切光明功德山王如來』。」

當時的無諍念王，即阿彌陀佛的本生，不詢太子為觀世音菩薩本生，而智慧的寶海大臣則是釋迦牟尼佛本生。這是當初觀世音菩薩為太子時，發起大誓願守護眾生的因緣，也是他成為「觀世音」菩薩的本生因緣。

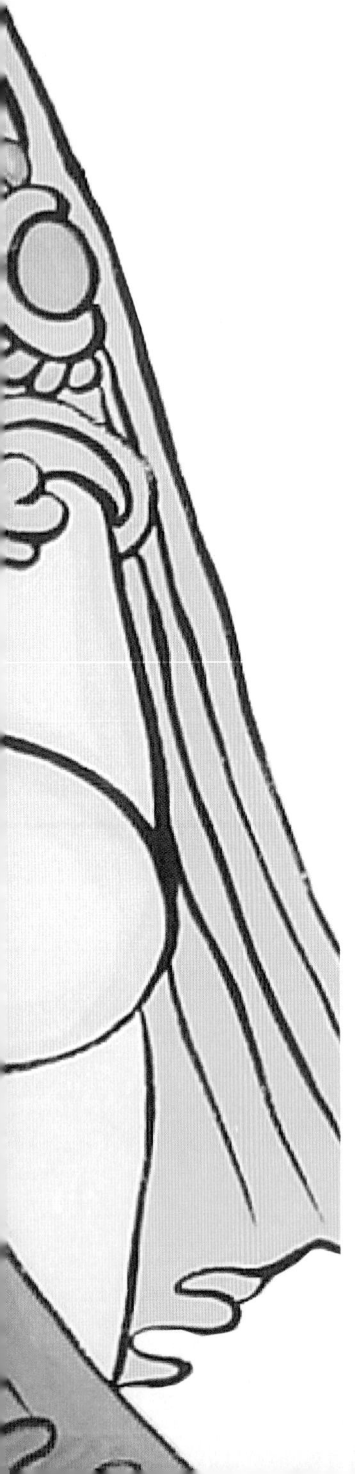

菩薩結施無畏印，代表守護一切生命遠離煩惱恐怖，開啟清淨光明的生命。

大聖觀音

在觀世音菩薩的各種化身中，大聖觀音可以說是觀世音菩薩自身。

聖觀音梵名Avalokitevara，如果配合救度六道時，大聖觀音則是特別救度餓鬼道眾生的主尊。

大聖觀音有各種形象，在密教中台八葉院西南方，他頂戴寶冠上有無量壽如來，右手拿著開敷蓮花，蓮花向上伸展，左手則豎掌向外，作施無畏印。蓮花象徵一切生命清淨無染的自性，菩薩結施無畏印，代表守護一切生命遠離煩惱恐怖，開啟清淨光明的生命。

【大聖觀音種子字、真言】

種子字：（sa）或（hrīḥ）

真言：

唵	阿嚕力迦	莎訶
oṁ	alolika	svāhā
歸命	無染著者	成就

【祈願】

大聖觀音　永護眾生　念念法界有情成佛
大悲救度　大慈賜福　無災無障到成佛
皈命清淨大悲者　南無大慈大悲施無畏者
法界眾生依怙聖觀音菩薩
普願眾生成就無上菩提　　見者必當成佛也

04 專注。寂定觀音

翁 无 觀音之妙自在者

諸佛大土之身

眾生亦未佛如來妙色

得菩薩心菩薩具妙法

眾生諸佛人夫觀身妙

圓融諸佛人夫寂盡法界

開顯眾生亦是寂成佛身

圓滿同敵性

眾生同敵則未見名觀観敕

佛一不是佛。水林自題

我於彼佛發菩提心，
彼佛教我從聞思修入三摩地，初於聞中，入流亡所，
所入既寂，動靜二相了然不生，如是漸增，
聞所聞盡，盡聞不住，覺所覺空，空覺極圓空所空滅。
生滅既滅，寂滅現前。
忽然超越世出世間，十方圓明，獲二殊勝：
一者上合十方諸佛本妙覺心，與佛如來同一慈力，
二者下合十方一切六道眾生，與諸眾生同一悲仰。

——《首楞嚴經》

觀世音菩薩往世於觀世音如來處發心度化眾生，上求佛智，學習耳根圓通禪觀法門，以耳根聽聞聲音的法門，入於三摩地的禪定境界，了悟聲音的空性本質，破除了一切主體、客體的相互對待，一切對立蕩然無存，自身即是法界，法界即是自身，證入耳根圓通三昧不可思議的廣大三昧，而能化身無數，在十方法界中現各種身，示現觀三十二應身。

在現代這個充滿身、心衝擊的時代，如何讓身心保持安定，放鬆且專注，是健康的重要指標，因此，禪定的力量是現代人必須具備

的幸福力之一。

從外在的生態環境來觀察：空氣污染，使我們的呼吸系統惡化；地球暖化，造成全球氣候極端化；生活電子化帶來巨大快速的資訊，卻也讓人產生了資訊焦慮症。

禪定，可以讓我們在日漸惡化的環境下，保有最佳的身心狀況，防禦空氣、水、食品、噪音等各種現代的污染；同時能消除精神上的各種壓力，讓身心更加敏銳，細胞不斷活化，具有更健康、更活躍光明的本質，擁有更不受到疾病干擾的能力，及更強的免疫系統；並且具有覺醒及慈悲寬容的力量。

禪定，可說是我們圓滿人生的最佳生命投資。

「禪」，是由印度的梵語「禪那」（dhyana）翻譯而來的，簡稱為禪，原義是寂靜審慮的意思，是一種使心靈安住在定力和智慧均等狀況的方法。「禪」後來也成為修練身心安住與提升心力與智慧的方法總稱，因此，這一類修心的方法，就稱為坐禪了。

人類坐禪的起源，最早是源於古代印度婆羅門教的修行者，在森林中坐禪修行而產生的。當人類的身心在極為寧靜、統一的狀況下，會產生許多不可思議的變化，後來這些記載散布在修行的紀錄裡，進而使坐禪不可思議的效用逐漸被發覺。而坐禪的方法第一次系統化，並構成可供使用的方法，則是佛教的創始者釋迦牟尼佛。

簡單的說，禪定就是「用正確的觀念和有效的方法，來幫助我們的身心獲得安住統一，提升身心健康，並產生心靈力量」的方法。

在禪定的方法上，大致可以分為兩種類型。

當我們的身心進入止、定的寂靜境界時，自然而然地，生命中的煩惱與負面力量，就像大海平靜無波一樣地停息了。這時候，煩惱在心靈中不會生起作用，自然心平定安穩。而身體中的負面能量、不良的分泌與疾病產生的原因、疾病的現象，都會停止作用，我們的身心自然能快速恢復健康、增加免疫力量，得到長春自在的力量。這一類方法，稱為「止」。

另一種類型是應用專一寂靜的定心，來反向觀察自身的心念，觀照思惟，以產生智慧。當這種觀照的智慧生起時，自然能產生正面而光明的力量，使自己的煩惱妄想消除，身心不再產生致病的根本力量。而且能體悟身心的實相，掌握身心健康的契機，創造愉悅幸福的原動力，讓身心的疾病障礙，快速痊癒，迅速獲得健康，增進養生的能力。這一類方法，稱為「觀」。

在佛教中，禪定是戒、定、慧三大根本學門之一。特別是菩薩的禪定三昧，內容深廣，並不是一法、一事、一時，短期學習所能成就的，而是需要經過持久不斷與廣博地學習，才能證得菩薩三昧廣大無礙的大用。

在觀世音菩薩的各種化身中，「寂定觀音」特別彰顯其禪定三昧的特德。

寂定觀音

觀世音菩薩廣大的慈悲心背後，除了深刻的智慧外，更有著深厚的禪定力，保持心的安定，也幫助眾生身心安定無懼。

在《首楞嚴經》中，觀世音菩薩自述其往昔在佛前發起無上菩提心，如來教其從聽聞音聲入於禪定，證得「耳根圓通」三昧的境界。

首先，觀世音菩薩於佛處發菩提心，接著是從聽聞、思惟、修證入三摩地。發菩提心就是發無上正等正覺之心，發起救度一切眾生的四弘誓願——眾生無邊誓願度、煩惱無邊誓願斷、法門無量誓願學、佛道無上誓願成。為了圓滿眾生，而發願圓滿悲心與智慧。觀世音菩薩的耳根圓通三昧，最根本就是從度化眾生的願力所成，不同於一般的禪定，著重於單純的技術性，這也是所有諸佛菩薩禪定三昧不同於一般禪定的核心。

觀世音菩薩從耳根的聞思修入三摩地，了解聲音的本質原是空

寂定觀音象徵觀音廣大的禪定力，以盤坐禪定的自在之姿，端坐於岩石洞窟內，自在觀於水聲。

性，是緣起的，各種聲音產生的喜怒哀樂都只是因緣和合而已。

修學者可以選擇聽一個自己能夠容易安住的聲音；如：河聲、水聲、海潮聲，我們聽這些聲音，即「初於聞中」。聲起時聲起、聲滅時聲滅，聲起聲滅，聞性自在，無差別；聲起時聞到有聲、聲滅時聞到無聲，聲起聲滅，體性自如。就這樣聞、聞、聞……，聽這聲音聞性不滅，聽、聽、聽……，聽這聲音容易入定，入三摩地，止住了，即楞嚴中的妙奢摩他。

心止住後，即知原來要進入聞之體性。所以「入法性流」即入聞的體性；「入法性流」後，聞性如是，遍滿一切，非內非外非中間，這時所聽的聲音就慢慢消失了，對象就沒有了，即同入聞性。

「所入既寂」，所聞的聲音都沒有了，而「入」聞性的這個心也沒有了、寂滅了，這時心完全止住在妙奢摩他中，所有動、靜二相皆不生。因為止住了，完全進入妙止的境界中，妙止於聞性、妙止於法流中，所以動靜二相了然不生。

「覺所覺空」，從不住的聞之體性中，覺一切體性都是空的，連能覺的心與所覺的聞性，都是空的。這時要將「覺悟有這覺明的心」也要反觀、反破；空掉能覺、所覺的心，把「覺」全部反破、空掉。空掉後會打成一片。最後，「空覺極圓」，是遍滿、無間斷——遍滿一切處，時間無間斷的安住。

一切時空都慢慢地打破中，能空、所空都滅了。我們要空的是覺悟與能空的這覺性，二者亦同時寂滅；此時所有生滅現象一切都沒有了，連空也沒有了。

生滅現象完全寂滅時，法性現起，寂滅現前，覺中必明，能大作用；這時忽然現起，必然超越世出世間，十方圓明，獲得二殊勝。從聞聲中，要與悲智相應。悲智的運轉，讓我們有力，不斷的回溯，到達最後生滅寂滅。

「忽然超出世出世間」，這是示現了十方三世同時炳現的境界。當證得耳根圓通時，剎那之間，一切對立都蕩然無存了，這時整個法與法性體全部結合在一起，自身即是法界，法界即是自身，破二重障礙，十方圓明，得二殊勝，上與諸佛如來同一慈力，下與十方一切六道眾生同一悲仰，這才是耳根圓通的究竟。並證入楞嚴妙行的境界，如經中所說：「世尊！由我供養觀音如來，蒙彼如來授我如幻聞、薰聞，修金剛三昧。與佛如來同慈力故，令我身成三十二應，入諸國土。」

因為耳根圓通的勢力，而使觀世音菩薩化身無數，可示現佛身、獨覺身、梵王身……等，可在十方法界中現各種身。這都是楞嚴經妙行的境界，也是觀世音菩薩三十二應身湧現的力量所在。

在觀世音菩薩的化現中，寂定觀音就是象徵觀音廣大的禪定力，以盤坐禪定的自在之姿，端坐於岩石洞窟內，自在觀於水聲。

【祈願】

寂定觀音三昧自在主　諸佛大定身大悲妙示現
眾生本來佛如實普成就
稽首大慈大悲法界體性妙　寂圓淨諸佛大定觀音菩薩
開顯眾生本具寂滅法身　圓滿同成佛
普願眾生同成如來　見者現觀成佛爾

05 精進。馬頭觀音

我大慈大悲馬口本願深重故，化一切眾生專勝諸尊。
由大慈故不著生死，由大悲故不住涅槃。常住無明諸境界中，
斷盡種種諸惡趣，滅盡六道四生生、老、病、死之苦，
又能噉食滅盡，取事近喻如羸飢馬食草，更無他念。
此本願力故，十方剎土無不現身。

——《聖賀野紇哩縛大威怒王立成大神驗供養念誦儀軌法品》

於一切時、一切處，去心不息。諸菩薩大精進力，
亦復如是。所以得如是威猛之勢。

——《大毘盧遮那成佛經疏卷第五》

在實踐人生願景的過程中，精進力是夢想能否圓滿的關鍵所在。在菩薩度化眾生的六個主要項目中，精進波羅蜜即為其中一項。在諸尊觀音的化身中，馬頭觀音以精進力聞名，如同餓壞的馬兒，看到肥沃的草地，一心吃草，沒有其他心念，以此來比喻觀音一心滅除眾生生、老、病、死之苦，無有他念。

精進的力量，正是執行力的所在，沒有執行力，一切將流為空談。

正如同登山一樣，如果我們規畫了最完美的路線，準備了充分的

用品，卻沒有付諸行動，或是途中勞累就放棄了，這樣就無法看到峰頂美麗的風光。

一個弟子向禪師抱怨，自己工作上的某個專案持續進行了一段時間，卻還看不到成果，他覺得自己為這個案子投入心力，週而復始，只是在浪費時間，他感到越來越焦慮不耐。

午餐時間快到了，寺院廚房飄出陣陣香味，再過一會兒，僧人就會備妥香噴噴的飯菜，供養大眾。

「把飯桶的蓋子打開。」禪師忽然轉頭對著煮飯的僧人說著。

「啊？」煮飯的僧人一下子會不過意來。

「可是，師父，米還沒煮熟呢，現在打開，飯不就煮壞了嗎？」來請益的弟子忍不住說著。

「沒關係，我不會責怪他的，他已經盡到他的職責，做了煮飯這件事。」禪師慈和地微笑著。

「可是，師父，即使他煮了飯，飯沒煮熟，大家還是沒飯吃啊！」弟子納悶著。

「是啊！煮飯的道理你懂得，工作的道理卻想不透。你認為自己已經很努力了，不去精進思惟改善的原因，只是不耐地急著掀開鍋蓋，要看飯熟了沒。即使米熟到九分熟，也不能成為好吃的飯。如果不能掌握正確的精進，再向前一著，如此只有離成功越來越遠了！」

我們可以運用遠紅外線等新科技，加速米飯煮熟的速度，也可以利用竹碳等，讓飯煮起來更好吃。不斷思惟，改善相關的因緣條件，才是正確的精進，而非心急的不斷掀開鍋蓋，不僅徒勞無功，還可能前功盡棄。

佛陀在人間成道的事蹟，正可做為我們精進的典範。佛陀是一個人，由人身而修證覺悟成佛。他是經由累劫不斷精進，恆久的修證而成佛的，他並非天神下凡、不必經由修持就得道的「道成肉身」。他原本與我們一樣是凡夫，但經由永不退墮的修持，終於成佛了，這帶給我們廣大的希望。從佛陀的身上，我們發覺任何人都可修行而成佛，而不必由天神的指定或差遣，一切生命的主權，還是操縱在自己的精進努力。

佛陀悟道後，了知苦行並不能幫助我們覺悟，但他在修行過程中，曾經有過猛厲的苦行，讓我們確知，他是以不退的精進而成就的。佛陀在當時曾實行一連串可怕的絕食苦行，他安坐不動，扣緊牙關，以舌頂上顎，在這種精神奮鬥的苦行中，他的兩腋汗如雨下。而後他專心入定，進入四禪以上的深定，使得呼吸完全停止了。

他百折不撓，在此般痛苦的鍛鍊中逐漸進步之時，佛陀描述當時苦行的經過：他聽見血液在頭中激流，覺得頂骨彷彿破裂，腹部猶如被人用屠刀剖開，最後好像被人投入火坑一般。在另外一個地方，他說到了自願忍受可怕苦行的更進一步詳細情況。他逐漸減少食物，直至每日吃一粒米，後來瘦得不成樣子。佛陀形容自己：「我摸肚皮的時候，能夠透過肚皮摸到背脊骨；我摸後背的時候，也能摸到肚皮。通過這次絕食，我的後背和肚皮，變得如此接近。當我摩擦四肢活動血脈的時候，汗毛紛紛落下。」

於是他仔細思惟，覺得他已達到了自我克制的極限，然而尚未獲得覺悟。因此，他決定放棄苦行，開始進食，安住於中道的生活，在菩提樹下一心禪坐，最後終於在菩提樹下悟道了。他也以此來教導弟子，要朝正確的方向，精進而行，也就是八正道中的「正精進」。

在觀世音菩薩的種種化身中，馬頭觀音正是精進力的象徵。

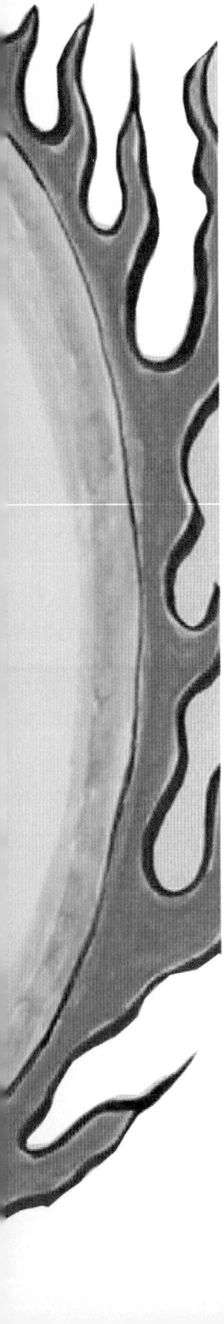

馬頭觀音又稱為馬頭明王，示現大忿怒形，置馬頭於頂，為觀世音菩薩的變化身之一。因為慈悲心重，所以摧滅一切魔障，以大威日輪照破眾生的暗冥，噉食眾生的無明煩惱。

馬頭觀音

馬頭觀音又稱為馬頭明王，在密教為八大明王之一，是觀世音菩薩在六道中度化畜生道的救護主。

馬頭明王以觀世音菩薩為自性身，示現大忿怒形，置馬頭於頂，為觀世音菩薩的變化身之一。因為慈悲心重，所以摧滅一切魔障，以大威日輪照破眾生的暗冥，噉食眾生的無明煩惱。經典中以馬吃草時的專心一致、心無旁騖，來比喻菩薩度化眾生的一心精進。

在《聖賀野紇哩縛大威怒王立成大神驗供養念誦儀軌法品》中說：「賀野紇哩縛（馬頭觀音）能摧諸魔障，以慈悲方便，現大忿怒形，成大威日輪，照曜無邊界，修行者暗暝，速得悉地故，流沃甘露水，洗滌藏識中，熏習雜種子，速集福智聚，獲圓淨法身，故我稽首禮。」同上《儀軌品》中又說其：「我大慈大悲馬口本願深重故，化一切眾生專勝諸尊。由大慈故不著生死，由大悲故不住涅槃。常住無明諸境界中，斷盡種種諸惡趣，滅盡六道四生生、老、病、死之苦，又能噉食滅盡，取事近喻如羸飢馬食草，更無他念。此本願力故，十方剎土無不現身。」

馬頭觀音的形象有一面二臂、一面四臂、三面二臂、三面八臂、四面八臂等多種不同形象。其中一面二臂者，二臂或合掌或結施無畏印。《覺禪鈔》與《不空羂索經》說其左手執鉞斧、右手執蓮華。然亦有左手執蓮、右手握棒，或左手結施無畏印、右手執蓮者。

唐．一行禪師在《大日經疏》中說，馬頭觀音就如同轉輪聖王的寶馬，巡履四洲，一切時一切所，滌除一切雜念，象徵著一切菩薩的廣大精進力，而有如此猛威之勢，在生死重障中不顧身命，能摧伏處處業障。

經典中說：「若纔憶念是威怒王，能令一切作障難者，皆悉斷壞，一切障者不敢親近，常當遠離。是修行者所住之處四十里內，無有魔事及諸鬼神等，與諸大菩薩共同得止住。」由此可見馬頭明王之悲願深重及大威勢力。

在密教的修法中，以馬頭明王為本尊之修法，多為祈禱調伏惡人、眾病息除、怨敵退散、議論得勝而修之法，稱「馬頭法」。

【馬頭觀音種子字、真言】

種子字：（haṁ）或（khā）或（hūṁ）

真言：

南麼① 三曼多勃馱喃② 佉那也③ 畔惹④ 娑破吒也⑤ 莎訶⑥

namaḥ① samanta-buddhānāṁ② khādāya③ bhaṁja④

sphaṭya⑤ svāhā⑥

歸命 普遍諸佛 噉食 打破 破盡 成就

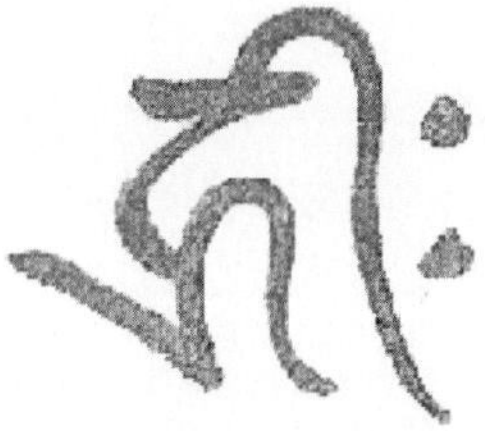

南無大悲烏羅觀世音菩薩
度母觀音音修習大悲海
多羅觀自在　須臾淨如來
吉祥大悲主　安住勝三昧
普光明多羅　右目金剛光
遍光現妙如　神勝造之時
喜振諸有情　佛光普自性
新慈無比倫　速諸愛生福
如冬平等住　哲度一切衆
清涼光普照　如月除熱惱
般若母悲衆　度衆普成佛
度母嚴康之微度母衆威日緣慶之
右輔多羅菩薩東勝身多羅觀世音
丙戌吉祥普南琦

爾時觀自在菩薩摩訶薩……入於普光明多羅三昧，
以三昧力，從其面輪右目瞳中放大光明，
隨光流出現妙女形……能息眾生種種苦惱，
亦能喜悅一切眾生，遍入諸佛法界自性，
由如虛空平等住故。普告眾生作如是言：
「誰在變苦，誰在流溺生死海中，我今誓度。」

——《大方廣曼殊室利經・觀自在菩薩授記品》

觀世音菩薩的化身中，面帶嘻怡微笑的妙齡女郎多羅菩薩，是觀世音菩薩喜悅一切眾生的化身，也代表著菩薩源源不絕的喜樂之力。

現代社會，不只是失敗的人苦悶，成功的人也苦悶，只是外表要裝得光鮮亮麗、舉杯歡樂。人與人之間的關係也緊張化了，看著每天的社會版，經常難以理解，為何小小的事件會演變成不可收拾的局面？

苦悶、焦慮，成了現代都會的普遍現象。而慈心的喜樂，便成為現代人心靈最迫切需要的一帖良方。

慈心，就是給予喜樂之心，是沒有怨、沒有憤恨、沒有苦惱的心，讓我們的心靈充滿了光明喜樂，這是我們送給自己最好的心靈禮物。

慈悲的喜樂，帶給我們廣大的福德，讓我們歡喜吉祥過一生。而這份慈心喜樂的禮物，首先應該送給誰呢？要送給我們最該感謝的人。

有一個人，從白天到夜晚，從睡著到醒來，時時刻刻、日日夜夜和我們在一起，甚至從過去世到今生，從此生到來世，片刻不曾遠離我們。比我們最摯愛的人更親密，比父母、子女更親近，我們一生的幸福歡樂，只有他能與我們完全分享。

是的，這個人就是你自己。

但是，我們仔細想想，我們是否真心慈愛自己？仔細問問自己的心。不管過去如何，現在，我們要向自己真誠的發願：絕對要慈愛自己，不要傷害自己，不再用憤怒、瞋恨、煩惱等負面的情緒來傷害自己的身心，歡樂時也不要用傷害自己健康的方式來慶祝。

慈愛自己並不是自私。自私會傷害自己，慈愛自己是光明、是喜樂，自私是幽暗、是沉重。慈愛自己是讓自己身心統一和諧，發光發熱，有能力熱愛自己，更熱愛他人；而自私是讓自己分裂、偏邪、冷漠，讓自己愛到傷害，更去算計他人。

好好對待自己，用慈愛擁抱自己、接納自己，不要再把自己當做仇人看待，隨時隨地用各種負面情緒、錯謬的生活方式，來傷害心身的喜樂與健康。

只有真心慈愛自己，才有能力真心慈愛他人。慈心喜樂的力量，將從自心自身，像漣漪般擴散開來，從心到呼吸，到身體，到外境，完全和諧圓滿，沒有任何對立衝突。

當我們感受到自己心靈的完全慈愛，將能體會此生中前所未有的幸福安樂，是生命中最甜美高貴的享受，最美麗的幸福高峰。

在諸多菩薩中，笑口常開的彌勒菩薩，是慈心喜樂的代表。他化除了與自身所有的對立，也化除了與一切眾生之間的對立，從身到境及其他人，為所有眾生帶來最深層的喜樂、最幸福的成功。

彌勒菩薩累世修持慈心三昧，這也是一切菩薩修持慈悲行的根本三昧，即去除一切妄念雜慮、遠離瞋恚怨憎的心念，入於禪定中，觀察一切眾生普遍安心喜樂的三昧。在《賢愚經》卷十二中，記載彌勒菩薩久遠前身為國王時，有一次因為見到一位比丘入於慈心三昧，身上放出金色光明，晃耀如大火聚，國王非常欽敬景仰，因而開始發心修持慈心三昧。

除了彌勒菩薩之外，在觀世音菩薩的種種化身裡，面容嘻怡微笑，能喜悅一切眾生的多羅菩薩，則是觀世音菩薩慈愛喜樂的化身。

經典故事

觀世音菩薩的化身多羅菩薩，又稱為度母，意思是：救度一切眾生的佛母。關於度母的出現，有一段美麗的傳說。

在西藏的《度母本源記》中記載，觀世音從無量劫前，不斷救度眾生，但是眾生的煩惱習性深重，度不勝度，觀世音菩薩悲傷地流下眼淚。

忽然間，淚滴化成蓮華，蓮華中出現一位中年婦女，頭上梳著天髻，穿著美麗的青衣，手持蓮花，微笑地安慰菩薩：「您勿憂傷煩悶，我發願生生世世幫助您一起度化眾生，眾生雖然無量，我的願力也無窮！」

依據《大方廣曼殊室利經・觀自在菩薩授記品》中所記載，觀自在菩薩安住普光明多羅三昧，從右眼中放出大光明，美麗的多羅菩薩即從光明中出生。她慈愛地微笑著，以清涼光明普照眾生，憐憫眾生就像慈母憐愛幼子，誓願度化眾生脫離生死苦海。

多羅菩薩慈愛含笑的形象，能增長我們喜樂的幸福力，讓我們與家人、朋友、同事之間的相處，更加和諧喜樂。

多羅菩薩（度母）

在印度，非常盛行禮拜多羅菩薩，所以梵文有《讚揚多羅菩薩一

觀世音菩薩的化身多羅菩薩，又稱為度母。多羅菩薩慈愛含笑的形象，能增長我們喜樂的幸福力，讓我們與家人、朋友、同事之間的相處，更加和諧喜樂。在度母的各種化身中，以綠度母為主尊。

百八名讚》、《救度佛母二十一禮讚》、《聖多羅持冠讚》等。在印度菩提伽耶，佛陀成道紀念大塔的左側轉角，有一尊多羅菩薩的浮雕像，傳說十分靈驗，被稱為「會說話的度母」。

多羅菩薩又化現為二十一度母，除了主尊綠度母外，還有：(1)救災難度母、(2)救地災度母、(3)救水災度母、(4)救火災度母、(5)救風災度母、(6)增福慧度母、(7)救天災度母、(8)救兵災度母、(9)救獄難度母、(10)救盜難度母、(11)增威權度母、(12)救魔難度母、(13)救畜難度母、(14)救獸難度母、(15)救毒難度母、(16)伏魔度母、(17)藥王度母、(18)長壽度母、(19)寶源度母、(20)如意度母。

多羅菩薩為一切度母的主尊。在中國西藏及蒙古，度母信仰非常普遍。西藏流傳最廣的是綠度母與白度母，如藏王棄宗弄贊的兩位妃子，中國的文成公主與尼泊爾尺尊公主，都被視為多羅菩薩的化身，其中，文成公主被視為白度母的化身，尺尊公主被視為為綠度母的化身。

在度母的各種化身中，以綠度母為主尊，綠度母咒也就成為廿一度母的根本咒。如果能常勤念誦，就能斷輪迴之根，免除一切魔障、瘟疫痛苦，消除一切水火、刀兵、盜賊等災難，並能增長福慧、權威、壽命。凡有所求，無不如願。

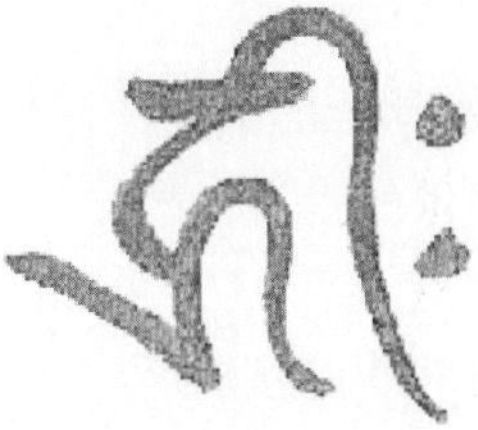

【多羅菩薩種子字、真言】

種子字：𑖝𑖯（tā）或𑖝𑖿𑖨（tra）或𑖝𑖽（taṁ）

真言：

唵① 鉢娜麼② 多梨③ 吽④

𑖌𑖼① 𑖢𑖟𑖿𑖦② 𑖝𑖯𑖨𑖸③ 𑖮𑖳𑖽④

oṁ① padma② tāre③ hūṁ④

歸命① 蓮華② 多梨（尊名）③ 吽（種子）④

【藏密綠度母真言】

嗡 答列 都答列 都列 梭哈

【祈願】

南無大悲多羅觀世音菩薩 度母觀世音

修智大悲海 多羅觀自在 頂戴佛如來

吉祥大悲主 安住勝三昧 普光明多羅

古月金剛光 隨光現妙心 殊勝色三昧

莊嚴無比倫 息諸眾生惱 喜悅諸有情

佛法界自性 如空平等住 誓度一切眾

清涼光普照 如月除熱惱 如慈母愍眾 度眾普成佛

安忍。甘露觀音

甘露灌頂受持刀，慈悲行願無邊涯，不為有情作利益，
更有何情計眾生，南方大慈大悲觀音菩薩，觀音菩薩，乙酉未伸之題

是時菩薩……悉能忍受一切諸惡，
於諸眾生，其心平等，無有動搖，譬如大地，能持一切，
是則能淨忍波羅蜜。

——《大方廣佛華嚴經》

有一天，一位名為信重的武士來到寺院，向白隱禪師請益。

「真的有天堂與地獄嗎？」信重問。

「你是做什麼的？」禪師問。

「我是一名武士。」信重莊重地回答。

「你是一名武士？」白隱輕蔑地說著，「什麼樣的主人會要你做他的護衛呢？我看你的面孔就如同乞兒一般！」

信重聽了非常憤怒，感覺受到嚴重的侮辱，準備拔劍。

沒想到白隱竟然繼續挑釁地說：「噢，原來你有一把劍！但是你的劍看來很鈍，哪裡能砍下我的腦袋呢？」

信重忍不住這種侮辱，抽出利劍，準備要斬殺白隱。

「地獄之門，由此開啟！」白隱說著。

信重手握利劍，心中一震，楞在當場。他知道白隱禪師是一位有

道的禪者，於是收下寶劍，向白隱深深一鞠躬。

「天堂之門，由此開了。」白隱禪師笑著說。

這真是一個有趣的公案。原來我們的人生，大部分就活在別人的嘴巴之中，聽著別人來指揮我們的憤怒或歡笑，這樣如何活出自主的人生？在菩薩度化眾生的六波羅蜜中，有一項正是「忍波羅蜜」，讓我們不會因為他人的惡意攻訐而憤怒失控，也不會因為甜言蜜語而暈頭轉向，做出錯誤的判斷，而能觀照實相，如如不動地朝著既定的目標邁進。

在佛陀的十八種特有的德行中，有所謂的「三念住」，也就是，佛在任何時候都具有正念正知的狀態。

這三念住，分別是：

當眾生信奉佛陀時，佛不會特別生起喜心。

當眾生不信奉佛陀，佛陀也不會生起憂慮之心。

有的眾生信奉佛陀、有的眾生誹謗佛陀時，佛陀也不會因此而歡喜或憂慮。

無論何時何地，佛陀不會受到外在的影響，恆常安住在正知正念中。這三念住之所以被特別彰顯，也代表了一般人隨著周遭的環境起舞的特性。

忍波羅蜜，和壓抑、忍耐、犧牲，是完全不同的概念。在愛情與婚姻中，特別容易看到忍耐、犧牲的迷思，我們被灌輸「為愛忍耐、犧牲是一種美德」的觀念，凡事先忍耐再說，而並非經過一種自覺的省思、自發的決定，而是傳統壓力下不得不的選擇。因此，忍耐的一方心中總有著太多的不平與壓抑。

當我們心中產生了犧牲的概念，是因為有「我」為對方犧牲，兩者是分裂、對立的。而忍波羅蜜卻是「無我」的，是由智慧了悟無我的實相，唯有如此才能「耐怨」、「安受苦」，也才是真正的忍波羅蜜。

經典故事

佛陀成道後，回到母國為族人說法，他年幼的兒子羅睺羅，也跟著佛陀出家。佛陀將他交給智慧第一的弟子舍利弗教導。有一天，羅睺羅跟著舍利弗進入舍衛城中托鉢乞食，舍利弗走在前面，羅睺羅走在後面，兩人之間隔了一點距離。當時有其他的婆羅門，看見羅睺羅一個小沙彌自己走在後頭，隨手拿起路上的石頭，對準羅睺羅的光頭丟過來。

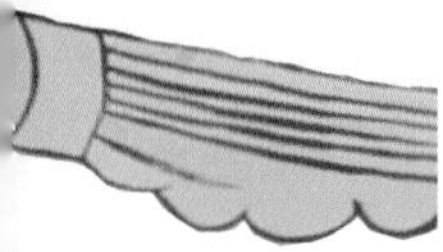

「啊！」羅睺羅痛得捂住頭大叫，鮮血不停地冒出來，他的臉上、衣服沾滿了鮮血。「哈哈哈！」惡作劇的婆羅門大笑一哄而散，羅睺羅恨恨地瞪著他們的背影：「下次不要讓我碰到，絕對打得你們滿地找牙！」

舍利弗聽到慘叫聲，回頭找到羅睺羅，幫他檢視傷口，擦去臉上的血跡。

羅睺羅噘著嘴，強忍著眼淚不掉下來。他發誓，這個仇非報不可。

舍利弗知道他心裡在想什麼。「羅睺羅，我知道你心裡很生氣，一定要報復他們。」舍利弗一邊幫他擦去血跡，一邊安詳地說著：「你知道嗎？你的父親佛陀，他在往世身為國王時，眾生來向他求索眼睛，他毫不猶豫地挑出眼來布施，即使受到截去手足這樣的酷刑，他也不悔恨。當他往世身為象王時，貪心的人們，不斷地向牠求索象牙，牠也毫不厭倦地給予，迴向這些眾生都能圓滿成佛。

「想想你的父親，如果他遇到你今天的狀況，他會如何呢？」舍利弗沒有責備這個孩子，而是幫助他憶念起另一個生命的風範。

「師父，我知道錯了！」想起自己今天所面對的狀況，比起父親佛陀所遭遇的一切，實在是如海水一滴，無法比擬；然而佛陀面對種種惡緣，卻能安住於慈悲心，對傷害他的人，不生起絲毫加害的心念。想到這點，羅

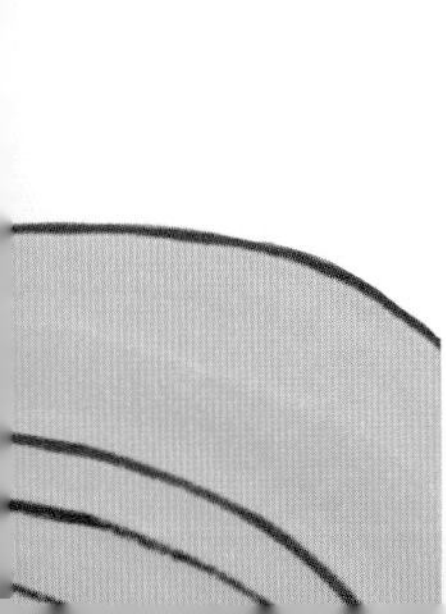

甘露觀音的形象主要是，左手執淨瓶，灑著甘露水，以灑甘露水開發一切眾生本具的佛性。

睺羅的心放下了，安忍如大地，不再生起一絲一毫對眾生的惡念害心。羅睺羅不斷以此砥礪心志，後來，在佛陀的弟子中，他成就持戒忍行第一。

現代我們需要安忍的，除了最常見的語言之外，對環境也需要安忍。從居家附近的工程噪音，到全球氣候異常引起的極冷、極熱天氣，都需要安忍。乃至對食物的美味與否，繁忙的工作，生活中大大小小的對應因緣，牽動著我們的眼、耳、鼻、舌、身、意六根，就像六根弦控制著我們的心。只有時時清明觀照，才能安住不動，不隨境所轉。

忍波羅蜜，是一種安住的心。對外在環境氣候的安忍，對他人向自身的毀譽安住不動，都是忍波羅蜜。小至個人，大至公司企業，面對外在景氣的起伏變化，乃至競爭對手的攻勢，都需要安忍的心，才能擁有清明的智慧來度過難關。

忍波羅蜜，不是忍耐，不是壓抑，而是清涼的智慧甘露。手持楊枝，遍灑甘露的觀世音菩薩，帶給我們的啟示，正是不隨境轉的智慧人生。

甘露觀音

常見的甘露觀音的形象，以左手執淨瓶，灑著甘露水。在《普門品》中說：「悲體戒雷震，慈意妙大雲，澍甘露法雨，滅除煩惱焰。」甘露觀音的意象由此而來。

在佛教的儀軌中，灑水是一個重要的環節，修行者一邊灑著淨水，一邊念誦真言，加持淨化周遭環境。依「以性淨之戒香，和合性淨之悲水，灑遍法界眾生性淨之心地」，這是灑水儀式的意義。

在千手觀音的四十二種主要的持物中，有一手即是甘露手。經中說，如果一切飢渴的眾生或是餓鬼，欲得清涼者，當於此甘露手。甘露是指不死之神藥，在印度的傳說中，甘露是一種天神的靈酒，諸神經常飲用，可達不老不死之境。由於其味甘之如蜜，故稱甘露。佛法亦以甘露比喻法味與妙味長養眾生之身心。

以灑甘露水開發一切眾生本具的佛性，這是甘露觀音的誓願。

【祈願】

甘露觀音　灌頂眾生
清涼淨業　體性圓成
法爾吉祥　眾生成佛
一見永皈命
南無大慈大悲甘露頂
觀世音菩薩摩訶薩
普願眾生現成如來

08 無畏。十一面觀音

善男子！若有無量百千萬億眾生受諸苦惱，
聞是觀世音菩薩，一心稱名，
觀世音菩薩即時觀其音聲，皆得解脫。
——《妙法蓮華經・觀世音菩薩普門品》

由於觀世音菩薩的大悲救濟，所以又被稱為「救世尊」、「救世大悲」者。又由於他做為眾生的依怙，而使之怖畏平息，所以又被稱為「施無畏者」。

關於恐懼，有一個發人深省的故事。

有一隻老鼠和其他的老鼠一樣，很怕貓。有一個巫師很同情牠，希望能幫助牠。

「既然牠怕貓，那就把牠變成貓吧！」在老鼠的同意下，巫師將牠變成了一隻貓。但是變成貓之後，牠又怕狗，因此巫師又將牠變成了一隻狗。可是這隻狗又怕老虎，於是巫師就再將牠變成一隻老虎。

但是老虎又害怕獵人，巫師只好告訴牠：「你所需要的是改變你的心！你需要一顆無畏的心，這一點我可幫不了你，必須靠你自己了！」

人們怕的事原來已經夠多了，但是現在傳播媒體的發達，讓全球各地的災難現場、犯罪現場，在電視上不斷重現，恐嚇我們的身心。

每個人害怕的事情不太一樣，也有一樣的。例如，大部分的人可能怕鬼，很多人怕蛇，害怕這些，大家都覺得很正常。

一般人害怕擔心的事還有：擔心生計，害怕別人的批評，擔心形象不好，在大眾或是大人物面前會感到緊張害怕……種種不一而足，但大多能被理解。

我有一個學生，從小怕水果，嬰兒時父母親要餵她吃果汁，她死也不肯張口。她說，要她吃水果，感覺就像在脅迫她的生命。無論是大多數人共同的恐懼，或是個人久遠生命的記憶，恐懼的本質是相同的。

恐懼最可怕的，不是在我們所恐懼的對象，而是恐懼感本身。我們所恐懼的事，或許充滿了風險，可能會帶來不可測的危機，但是恐懼本身，卻隨時為我們創造恐懼的對象，傷害我們的身心。

過度的恐懼，蘊含著深層的焦慮，讓我們無法看清事實，無法恰當處理我們所面對的情況，而且透過心靈，時時壓迫我們的生命，讓我們的心、身萎縮不前，慢慢走向崩解。

我們的恐懼十分有趣，因為它不只讓我們以為所恐懼的事物就在身旁或眼前，更調皮的是，它常常會真的把我們所恐懼的事物，直接帶到我們眼前，讓我們遭遇。或許這是心靈念力的吸引吧！我們所害怕的事物，任我們千般閃躲，卻是最常出現在我們面前。

所以，怕失敗的人，容易失敗；怕病的人，容易生病；怕鬼的人，大概也容易見到鬼吧！面對死亡，也是如此，怕死的人，碰到緊急狀況，也容易出差錯。

由於我個人有過多次瀕臨死亡的經驗，許多人也經常和我討論生死的問題。有的人以為常談死亡不吉利，但我認為：怕死的人，反而容易死；不怕死，將死亡納為生命之中的人，當面臨死亡關頭時，反而容易求生。

我在有了第一次死亡的經驗後，從此不怕死。但即使是不怕死的人，通常還會有其他怕的東西。我則是怕蛇，至於為什麼怕蛇？不知道。

一九八三年，我在深山閉關的時候，當時在海拔一千多公尺的深山上，杳無人煙，住的是廢棄的工寮，沒有水電，日飲山泉，晚上則是點油燈照明。

有一天晚上，睡前準備下床上廁所，突然抬頭一看，赫然發現屋樑上就吊著一條蛇蛻，深山會出沒的蛇通常就是百步蛇。床下一片烏黑，我遲疑著，腳不敢伸下去，深怕鞋子裡就藏著一條蛇。當時就只能坐著，一籌莫展，說是怕死，也不是，就是不想讓蛇咬。

於是當下我就在床上打坐，觀照：我怕什麼？

怕死嗎？七八年來，死亡對我早已不是問題。

怕溼溼的那種感覺嗎？不是。

怕冷冰冰的感覺嗎？不是。

就這樣一直觀：怕什麼？怕什麼？……觀了三天三夜，觀到最後終於發現：根本沒有什麼好怕的。從此以後再也不怕蛇了。之後有一次到泰國旅遊，將拔去毒牙的蛇繞在脖子上，也不會感到害怕。如果它的毒牙還在，雖然我不怕蛇，但是會注意安全。

對自己恐懼的事物，如實觀照，鑑照恐懼的心相，看清恐懼的本質，恐懼因何生起？恐懼與我們的心靈又有什麼關係？

當我們明心鑑照這些往昔恐懼的事物時，卻發覺：這只是一件一件的事情，往昔的恐懼竟然消失了。事件依舊在，只是無恐懼，可見恐懼是如此的虛妄不實。

在菩薩的布施波羅蜜中，將布施的種類分為：財施、法施、無畏施，即布施財富、說法，及施予眾生無畏，為眾生袪除種種怖畏。

十一面觀音的十一面，各有其特殊的象徵意義。菩薩見到行善眾生時，生出慈心的大慈與樂相。見到行惡眾生時，生出悲心的大悲救苦相。見到淨業眾生時，發出的讚嘆、勸進相。見到善惡雜穢眾生時，為使其改惡向道，生出怪笑相。頂上的佛面，是為修習大乘的眾生所作的說法相。

在《普門品》中說：如果有無量百千萬億眾生受到各種苦惱，聽聞觀世音菩薩的名號，一心稱名，觀世音菩薩即時觀其音聲，皆得解脫。如果有持誦觀世音菩薩名號者，假使入於大火，火不能燒，這是由於菩薩的威神力故。如果被大水所漂，一心稱念觀世音菩薩的名號，即能到達安全淺處。

如果有百千萬億眾生，為了求取金、銀、琉璃、車磲等種種珍寶，入於大海，假使黑風吹其船舫，飄墮羅剎鬼國，即使其中只有一人，一心稱念觀世音菩薩名號，這些人都能得以解脫羅剎之難。由於如此的悲願及威力，這位菩薩名觀世音。

如果有人臨將被害之際，一心稱念觀世音菩薩聖名，歹徒所執的刀杖自然毀壞，而得解脫。如果三千大千國土，其中的夜叉、羅剎欲來惱亂人，聽聞其稱念觀世音菩薩名號者，這些惡鬼，甚至不能以惡眼視之，更何況是加害！

有一商隊，貿易豐收回程，帶著眾多珍寶，經過盜賊出沒的險路，其中一人告訴大家：「諸善男子！大家不要害怕，應當一心稱念觀世音菩薩名號。這位菩薩能以無畏施於眾生，如果一心稱念其聖號，就能安全度過這段險路。」眾多商人們聽了之後，都一心稱念「南無觀世音菩薩」，因而安全回到家鄉。

十一面觀音

在觀世音菩薩的各種化身中，具足廣大威力的十一面觀音，特別守護眾生從生前到死後，遠離一切怖畏。

十一面觀音菩薩的名號，是由其神咒而來。此神咒稱為「十一面觀世音神咒」，為十一億佛陀所宣說，威力非常廣大無比。

依據《佛說十一面觀世音神咒經》記載：「時觀世音菩薩白佛言，世尊，我有心咒，名十一面。此心咒十一億諸佛所說，我今說之，為一切眾生故，欲令一切眾生念善法故，欲令一切眾生無憂惱故，欲除一切眾生病故，為一切障難災怪惡夢欲除滅故，欲除一切橫病故，欲除一切諸惡心者令調柔故，欲除一切諸魔鬼神障難不起故。」由此可知此神咒之廣大功德勢力。觀世音菩薩在多生中皆曾修持此咒，得一切諸佛大慈大悲大喜大捨智慧藏法門，以此法門力故能救一切眾生。

經典中記載，持誦這一神咒的人，現身可得十種功德及四種果報：

十種功德：(1)身常無病。(2)恆為十方諸佛憶念。(3)一切財物、衣服、飲食，自然無足恆無乏少。(4)能破一切怨敵。(5)能使一切眾生皆生慈心。(6)一切蠱毒、一切熱病無能侵害。(7)一切刀杖不能為害。(8)一切水難不能漂溺。(9)一切火難不能焚燒。(10)不受一切橫死。四種果報為：一者臨命終時，得見十方無量諸佛。二者永不墮地獄。三者不為一切禽獸所害。四者命終之後，生無量壽國。

這是以〈普品門〉七難速滅為基礎，從除去病苦災厄，得衣服飲食之現世利益，再加上淨土往生之後世利益，換言之，此咒兼具現在、當來二世利益。由於此神咒有如此的效驗，因此歷代以來，有不少人持誦該咒，並尊崇該咒本尊——十一面觀音。

依據《十一面觀世音神咒經》中所說，十一面觀音的形象為：

「身長一尺三寸，作十一頭，當前三面作菩薩面，左廂三面作瞋面，右廂三面似菩薩面，狗牙上出，後有一個作大笑面，頂上一面作佛面，面悉向前，後著光。其十一面各戴花冠，其花冠中各有阿彌陀佛。觀世音左手把澡瓶，瓶口出蓮花；展其右手以串瓔珞，施無畏手。」

然而，古來所見的圖像，未必都如同該經所記載。其十一面的配置有種種不同，並有二臂、四臂、八臂的差異。

十一面觀音的十一面，各有其特殊的象徵意義。十一面中，前三面為大慈相，是菩薩見到行善眾生時，生出慈心的大慈與樂相。左

三面為大瞋相，是見到行惡眾生時，生出悲心的大悲救苦相。右二面白牙上出相，是見到淨業眾生時，所發出的讚嘆、勸進相。最後一面是暴笑面，是見到善惡雜穢眾生時，為使其改惡向道所生的怪笑相。頂上的佛面，是為修習大乘的眾生所作的說法相。

其四臂表內證四智。手持念珠表根本智、大圓鏡智；施無畏印是成所作智；蓮花表觀音之體，是妙觀察智；淨瓶代表以甘露的智水潤澤一切眾生，是平等性智。分別代表調伏、息災、敬愛、增益之義。

關於這十一面的配置，歷代佛教徒所繪製的頗有不同。此外，有的認為十一面觀音中，前左右各有三面，乃象徵度化三有之眾生。而寂靜相的三面，表示清淨行者的三毒；威怒相的三面，表示破除障礙善男善女正道正行的三障；利牙相的三面，表破除惡魔惡人等左道的三障；後面的笑怒相，表斷除三毒等之後必得一切智。此十面為大悲方便的化儀。頂上的佛面則為本地法身，代表十一地佛果之德。

另外，有人則以為其寂靜之面是為了成就純善者，忿怒之面是為了成就純惡者，而笑怒之面則是為了成就善惡交雜者。

其四臂表內證四智：手持念珠表根本智、大圓鏡智，智斷煩惱，所以為調伏義。施無畏乃身口意三業的化用，是成所作智，為息災義。蓮花表觀音之體，是妙觀察智，花為人所愛，所以為敬愛義。淨瓶代表以甘露的智水潤澤一切眾生，是平等性智，為增益之義。四智的總體為法界體性智，所以此尊為蓮華部五智圓滿之尊。

一心憶念觀世音菩薩的大慈大悲，讓我們無所畏懼，進而成為布施眾生無畏者。

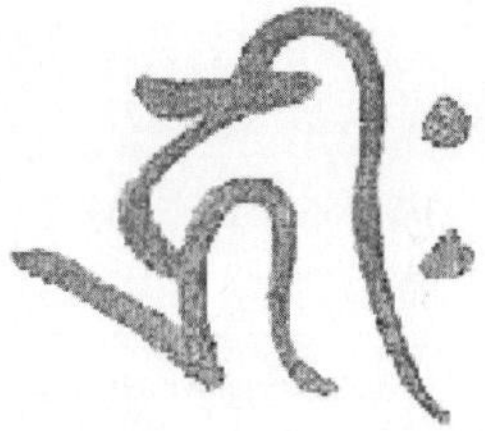

【十一面觀音種子字、真言】

種子字：𑖎（ka）或𑖭（sa）或𑖮𑖿𑖨𑖱𑖾（hrīḥ）

真言：

唵　摩訶　迦嚕尼迦　娑縛訶

𑖦𑖮𑖯　𑖎𑖨𑖲𑖜𑖰𑖎　𑖭𑖿𑖪𑖯𑖮𑖯

oṁ mahā karuṇika svāhā

歸命　大　悲　成就

09 健康。藥王觀音及四臂觀音

【藥王觀音】

人身中本有四病：一者地，二者水，三者火，四者風。風增氣起，火增熱起，水增寒起，土增力盛。本從是四病，起四百四病。土屬身，水屬口，火屬眼，風屬耳。

——《佛醫經》

健康，是人生幸福不可缺少的要素，永遠健康平安，往往是人們所祈求的。千處祈求千處應的觀世音菩薩，化身為藥王觀音，救度眾生遠離病苦，健康覺悟；而四臂觀音的六字大明咒，更是幫助眾生護命長壽的威力真言。

從生命出生的開始，就註定了老、病、死的道路。當初身在富貴王室的釋迦牟尼佛，就是看到了人生的生老病死苦，為了尋求解脫與超越的方法，所以才修行證道的。

生的那一剎那，帶給我們無限的喜悅，但是在整個新生命出生的過程中，母子兩個生命，為了未來的新生，不斷克服層層難關，在生命之流中奮鬥。我們對於老、病、死的過程，是否也有相同的體會呢？

每個人總希望永遠健康，當然，如運用特殊而嚴格的修鍊方法，

【四臂觀音】

稽首觀音大悲主
六字大明真言王
一面四臂身如月
寂靜微笑視眾生
雙眼悲憫含解脫
悲心不住盡成佛
大道華王勤祈請
普願眾生共峰涌
順緣盡斷諸障生
釋繪其力至成佛
南無大悲觀世音菩薩
嗡嘛呢叭咪吽
丙戌吉祥書南玥

可能得到長生健康無病的境界，但是，對一般人而言，這是很困難達到的。

可惜的是，一般人只求健康，對疾病不是反應過度，就是置之不理，或是以故意忽視、幻想或絕望的態度面對，使疾病所引發的身心不安，不能成為我們創造健康人生的基石。

疾病的產生，也是一種連環的過程，提醒我們平日養生不圓滿；也告訴我們，除了將疾病消除之外，我們還要使身心回復「健康」。只有了解到「健康」是一種過程，才能了知養生與疾病的真義。

俗話說「久病成良醫」，善用身體所帶來的啟示，才能讓我們常擁健康。我有一個朋友，由於天生體弱多病，小時候常被笑是「軟腳蝦」，但是他卻從不斷的生病中，尋找生命的本質與養生的方法。

他從每次生病的經驗中，探索自身患病的原因，是因為先天體質哪些部分較弱？還是因為氣候、飲食、生活上不良的習慣等造成？他從中補足並減少致病的根源，並積極尋求養生之道，從心理、禪定、飲食、運動等各方面著手，促成身心的健康。現在他已經有豐碩的成果，從疾病中，他學習了養生之道，並改善了先天的體質，真可說是一位善病者！

能長壽健康，無病無痛活到老，是大家所期望追求的。於是，各家也發展出不同的養生之道。簡單來說，一般人以飲食、健身養生；儒家以仁義、天命養生；道家以服氣、煉丹養生；而佛家則以慈悲、智慧養生。

養生的目的是長養自身，使自己的身心性命達於圓滿的境地。因此從消極面來看，是清淨寡欲、齊心養神，以保天賦所有，使之減少損耗；而就積極面而言，則是增進內心與身體之修為，以擴充我們原所具有的天賦能力。

除了自身之外，個人、社會、生命界，乃至於整個宇宙，也具有不可分割的關係。如果只是獨善其身，一心專注於自我身心的長養，而忽略了整個外在的世界，如此並非通徹的養生之道。

我們從現象界來觀察，人是依於人類全體生存，人類全體則是依於生命界而存在，而生命又依於全體宇宙存在。就佛法的究竟義觀察，一切眾生與我等同一體，一切現象無法置外於法界者。無論自哪個觀點觀察，都只有全體法界的進化與淨化，才是養生的究竟。

在觀世音菩薩的化身中，特別守護眾生健康心願的藥王觀音，又稱為楊柳觀音。還有「施藥觀音」也是觀世音菩薩救度病苦的化身，民間流傳的形象則為手持藥材。

除了外在的養身，內在的心靈往往是健康的主體。我們的生命受到耗損與摧殘，主要來自內心的不寧；想想看，當我們一生氣，血液裡就充滿了毒素，身體就折損了一分。保持內心的寧靜，使用平心靜氣的方法，只是暫時的效用，無法究竟；只有以智慧破除無明，讓煩惱永不生起，才是根本的對治。

有智慧就沒有煩惱，有煩惱就沒有智慧，煩惱是傷害生命的大敵，而智慧是煩惱的唯一剋星。智慧並非聰明才智，而是對生命真理的確切掌握；只有對生命真相的完全掌握，才能離開無明煩惱的糾纏。

智慧的實踐，只是養生的初步，必須將之擴充於法界全體才算圓滿。在現實的社會中，人很難離群索居；大環境遭受迫害，我們也很難求得全身而退。

有些人想與外界分割為二，希望獨居於世外桃源。但是我們想想看，如果在此時，某一個核能廠發生爆炸，或是整個生態遭受破壞，所有的飲水都受到污染，此時，誰有辦法置外於這個世界呢？

從個人對生命的喜愛，欲使之長生，而注意到養生的方法與思想；從長養自己的身心性命，進而發現到自己與整個宇宙的不可分割關係；從內省中發覺本具的慈悲心，使之擴充、提升，並以智慧為導；從長養自身到長養他身，而至整個法界的究竟進化——圓滿眾生成佛、莊嚴諸佛淨土，這才是養生的完全，也才能真正圓滿我們永遠健康的願望。在諸尊觀音中，特別守護我們健康長壽的，是藥王觀音與四臂觀音。

藥王觀音

在觀世音菩薩的化身中，特別守護眾生健康心願的，是藥王觀音，又稱為楊柳觀音。觀世音菩薩為了利益眾生，乃隨順眾生的願望而示現，就如同楊柳柔順隨風飄揚而不違逆一樣，因此而得名。

此尊右手持楊柳是其特徵，拔濟眾生疾病之苦是其本誓。因此經典中說，若欲消除身上眾病，應當修習楊柳枝藥法。此觀音被視為千手觀音中的楊柳手所化現。若有修楊柳枝藥法者，亦可消除種種病難。

楊柳觀音亦為三十三觀音之一。此尊形象自古多為佛畫畫題，世間流行的觀世音菩薩像為右手執楊柳枝，或插柳枝於座位右側瓶中，端坐水邊岩石上。日本奈良大安寺，即存有楊柳觀音的立像木雕，為日本國寶級藝術品。此尊形象，坐於池邊的岩石上，眼睛注視著蓮花。

除了楊柳觀音之外，還有「施藥觀音」也是觀世音菩薩救度病苦的化身。傳說，中國有一地區，某一年流行瘟疫，村中的醫師都束手無策。這時出現了一位賣藥的老婆婆，挑著藥草在街市叫賣。剛開始大家看見這位外來的陌生人，都不敢嘗試她的藥；後來有一些貧苦的人，聽說她肯免費為窮人看病，又送藥，於是漸漸有人求治，果然藥到病除。

這個消息傳出後，村民都來找老婆婆看病，漸漸地全村的疫情都止息了。這時，化身的老婆婆才示現觀世音菩薩的寶相給當地智林寺的優曇禪師看，並將這種治好疫病的藥草傳授給他，且告訴他此藥草名為「藿香」，因此稱此菩薩為施藥觀音。施藥觀音的形象，多為坐於池邊的岩石上，注視著池中蓮花，而民間流傳的形象則為手持藥材。

【楊柳觀音種子字、真言】

種子字：（sa）

真言：

唵　縛日羅達磨　陛殺爾耶　羅惹耶　娑縛賀

oṁ vajra-dharma bhaiṣajya rājāya svāhā

歸命　金剛法　藥　王　成就

四臂觀音

四臂觀音為藏地密教的重要本尊，特別是其真言六字大明咒，廣大流傳於漢、藏各地，憶念其名，除了能消除罪障，更具有護命延壽的廣大功德。

四臂觀音與文殊菩薩、金剛手菩薩合稱「三族姓尊」，分別代表大悲、大智、大力。是藏地密教的首位依怙尊，也是密乘密行者必修的法門。

在藏傳佛教中，以此尊為六字大明咒的主尊。而六字大明咒可說是中國與西藏傳弘最廣的真言，尤其在藏地其普遍性與重要性，猶如漢地南無阿彌陀佛，藏人往往將其遍刻在各地石崖、岩壁之上，以方便過往行商旅人念誦。

四臂觀音像，一面四臂，身白如月，頭戴五佛冠，黑髮結髻。中央二手合掌於胸前，捧有摩尼寶珠；右下手持水晶念珠，左下手拈八瓣蓮花，與耳際齊。面貌寂靜含笑，以菩薩慧眼凝視眾生，凡被觀者都能盡得解脫。其左胸上被覆鹿皮披肩，身著五色天衣，下裳著紅色綢裙，腰繫寶彩帶，全身花蔓莊嚴，並飾以耳環、手釧、臂、腳鐲圈等物，珠寶瓔珞第一串繞頸、第二串及胸、第三串及臍。雙足跏趺坐於蓮花月輪上。

有說其一頭表通達法性、法界一味；四臂表四無量心；身白色表自性清淨無垢，不為煩惱所障；頭戴五佛冠表五智；髮黑色表不染；五色天衣表五方佛；紅色綢裙表蓮花種性、妙觀察智；耳環以下為六種莊嚴表六度。

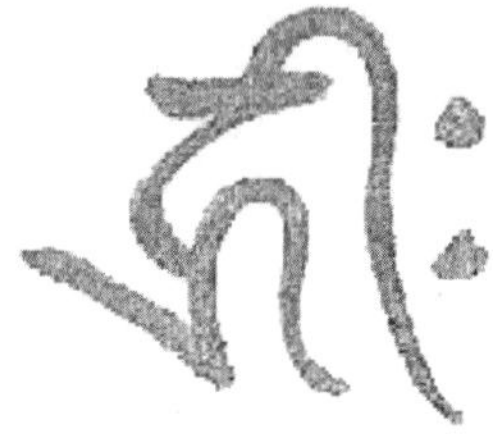

【四臂觀音**真言**】

梵文：唵　摩尼　鉢頭迷　吽

𑖌𑖼 𑖦𑖜𑖰 𑖢𑖟𑖿𑖦𑖸 𑖮𑖳𑖽

om　mani　padme　hum

歸命　寶珠　蓮華　吽（摧破之義）

藏文：嗡嘛呢貝昧吽

ཨོཾ་མ་ཎི་པདྨེ་ཧཱུྃ།

四臂觀音一面四臂，中央二手合掌於胸前，捧有摩尼寶珠；右下手持水晶念珠，左下手拈八瓣蓮花，興耳際齊。面貌寂靜含笑，以菩薩慧眼凝視眾生，凡被觀者都能盡得解脫。

10 財富。如意輪觀音

如大商主乘大法船遊生死海，
得三十七菩提分無量珍寶，而於佛法得陀羅尼，
憶念修行，終不錯謬。

——《方廣大莊嚴經》

在觀世音菩薩的種種化身中，如意輪觀音象徵著財富守護。憶念修持如意輪觀音，可獲致富貴資財，增長勢力威德，具足福德資糧，贏得眾人愛敬。

財富是幸福人生的重要指標，賺錢可說是現代人最大的快樂之一。但是，如何賺錢卻是大家的不安；獲得財富之後，如何保存與使用，也是重要的課題。

有一位管理學者向我引述一位企業家的故事。他說，這一位企業家原本是窮光蛋，但是十分上進，最後創業有了一家小公司。他找上了管理專家幫忙，結果發跡了，事業不斷擴大，賺了許多錢。這時，他又回來找這一位管理專家。

他問：「再來我該怎麼辦？」

管理專家告訴他：「繼續賺錢。」

這一位企業家，又繼續的大賺其錢。一段時間之後，他又問：「再來怎麼辦？」

管理專家別無他法，還是說：「繼續賺錢。」

當財富累積愈來愈多時，他的問題不斷地重複，還是同一個答案。企業家最後受不了了，開始去花天酒地，他無法再繼續賺錢了。

這一位企業家沒有體會到賺錢三昧，所以才有這樣的結果。其實，賺錢本身就是一件最快樂的事情；是智慧、決斷與眼光的藝術成果，尤其是白手起家，更是了不起的大功業。

任何夢想的完成，絕對需要資源；財富無善無惡，善惡是在運用財富的心態與手段中產生。我們看看，哪個菩薩不富貴？不都是瓔珞寶飾隨身？他們有豐富的資源及財富，才能推動他們的理想。

所以，賺錢，是一種智慧運動，財富是永遠缺少的，只要有賺錢的機會，千萬不要忘失，這樣我們的夢才有完成的可能，我們的人生才有源源不斷的動力。

但我們更要認清：當財富在運用時，才成為財富本身，否則，僅只是一堆數字而已。我們千萬不能只滿足於一堆數字，而要體會財

如意輪觀音一手持如意寶珠，象徵能生世間與出世間的二種財寶，以布施眾生，令眾生生出福德；一手持金輪，象徵能轉動無上妙法以度眾生，使眾生出生智慧福德。安住「如意寶珠三昧」，常轉法輪，度化一切有情，可如願授與富貴、財產、智慧、勢力、威德。

富的大用。

我曾聽過一個朋友用十塊錢買到快樂的故事。有一年夏天，他騎著摩托車到光華橋下辦事，天氣非常熱，他下車買涼水喝。這時旁邊有一位老兄，大概是遊民，看著他喝得沁涼有味，一臉羨慕。這位朋友眼見機不可失，趕快買了一杯涼水請遊民朋友喝。看到他那種滿足的樣子，足足快活了許久，真是值得。

生命中對財富的不安，本來源於對未來生活的保障需求；如今，更是成為一種生活樂趣；並考驗著我們的耐心、智慧、眼光。

好人應該多賺錢，有慈悲智慧的人，要比好人更會賺錢。以智慧抉擇，從事能符合眾生最大利益的事業，必能長遠回收，充實國家稅收，也能從事最大的福田、功德，形成善的循環。當然，在賺錢的過程中，也要再次記住，財富是空，是無常。

我們雖然以大願大力來創造財富，但如果各種條件實在不能配合，那麼縱使失敗，也只是瀟灑一笑，不像一般人一樣如喪考妣，當然更不會鋌而走險，作奸犯科、損人利己了。

在努力賺錢的同時，也要記得：「是我賺錢，不是錢賺我。」休息是為了賺更多的錢，切莫為了賺錢賠了健康、賠了人生；只有悠悠閒閒的賺錢，以大戰略、大結構，讓大家幫你賺錢，我們養足了精神收錢，這才是最高明的賺錢三昧。

如意輪觀音

如意輪觀音（梵名Cintmai-cakra），因其手中所持的如意珠輪而得名，可如意出生無數珍寶，安住「如意寶珠三昧」，常轉法輪，度化一切有情，如願授與富貴、財產、智慧、勢力、威德。在六觀音中，如意輪觀音是六道中度化天界眾生的觀音。

如意輪觀音一手持如意寶珠，象徵能生世間與出世間的二種財寶，以布施眾生，令眾生生出福德；一手持金輪，象徵能轉動無上妙法以度眾生，使眾生出生智慧福德。

在《如意輪陀羅尼經》中說，過去世時，觀世音菩薩曾得到佛陀的加持，而宣說如意輪陀羅尼。這個真言有大威神力，能滿足有情眾生的一切勝願，使富貴資財、勢力威德都得以成就。此外，如意輪觀音也守護修行者具足福德慧解、資糧莊嚴，增長悲心，度化有情，受眾人愛敬。因此，如意輪觀音法門有許多佛教徒修持。

如意輪觀音的形象有許多種類，有二臂、四臂、六臂、八臂、十臂、十二臂等多種，較常見的是六臂像。

其中二臂像最常見者為：左手執摩尼珠，右手結施願印，身白紅色，坐大蓮華上。

四臂像則傳有：於觀音前繪池水，池上有山，山上有紅蓮華，觀音坐蓮華上，垂左足，右足扶左上足，著草履。頭冠中有化佛，化佛如仰半月，左第一手向下至腰，第二手以拇指、食指捻白珠。右第一手屈上肘附膝上，拇指、中指捻數珠，第二手捧梵甲，四手腕各著釧。

至於常見的六臂像，在《觀自在菩薩如意輪瑜伽》中記載：

六臂身金色，皆想於自身，頂髻寶莊嚴，冠坐自在王（阿彌陀佛），安住於說法相。

第一手思惟，愍念有情故。

第二持如意寶，能滿一切願。

第三持念珠，為度傍生苦。

左按光明山，成就無傾動。

第二持蓮手，能淨諸非法。

第三契輪手，能轉無上法。

六臂廣博體，能遊於六道，以大悲方便，斷諸有情苦。

此外，也有作頭上戴寶冠，冠上安置化佛，左第一手開寶華，第二手金色盤，第三手開紅蓮；右第一手跋折羅（金剛杵），第二手降魔印，第三手向臍下，於寶蓮上結跏趺坐，又頭上兩邊有天女呈散花之姿的造形。

另外，還有將此六臂與六觀音並配於六道的說法：右第一思惟手，配聖觀音，救濟地獄道受苦眾生；第二如意寶珠手、配千手觀音，救餓鬼道饑饉苦；第三念珠手，配馬頭觀音，度畜生道鞭撻苦。左第一光明山手，配十一面觀音，救阿修羅鬥爭苦；第二蓮華手，配準提觀音，教化人道；第三金剛手，配如意輪觀音，破天道之有。

由於如意輪觀音歷代以來甚受崇敬，自古以來南海諸國也有不少信仰者，因此有不少造像留存，如敦煌千佛洞即有六臂如意輪觀音之繪像，另於錫蘭、爪哇、日本等國，亦存有此菩薩之各種造像。

以如意輪觀音為本尊，為了增長福德、滿足所願、消滅諸罪、拔濟諸苦等動機所修之法，稱為如意輪觀音法，或如意寶珠法。

在《七星如意輪祕密要經》記載：佛陀在世時，俱尸羅大國興兵圍迦夷城，波斯匿王向佛求護，佛陀遂教其建立如意寶輪般多羅道場七星火壇，如法修持，賊眾自然退散。因此古來多修此法以退治逆賊，守護國土。

【如意輪觀音種子字、真言】

種子字：（hrīḥ）

真言：

唵　跛娜麼　振多麼呢　入嚩攞　吽

oṁ padma cintā-maṇi jvala hūṁ

歸命　蓮華　如意寶珠　光明　吽（摧破之義）

11 成功。準提觀音

受持讀誦此陀羅尼滿九十萬遍，
無量劫來五無間等一切諸罪，悉滅無餘。……
若下生人間，當為帝王家子，或貴族家生。
其家無有災橫、病苦之所惱害。
——《佛說七俱胝佛母準提大明陀羅尼經》

準提觀音是守護眾生息除災障，增長官祿，獲致長壽的本尊。每個人都希望成功，可是大多數的人心中卻潛藏著追求失敗的潛意識，讓自己遠離成功。

觀世音菩薩幫助我們獲得外在的成功，而最重要的，是守護我們有一顆成功的心，在任何境地都能如觀自在，不會自尋煩惱。

以前有位教授禪學的教授，特地來向南隱禪師問禪，禪師以茶水相待。

南隱禪師將茶水注入客人的杯中，直到茶滿出了，仍繼續倒著。教授望著滿溢的茶水，忍不住說道：「師父！滿出來了！別再倒了！」

「你就像這杯子一樣，」禪師說著，「裡面裝滿了自己的想法。你不先把自己的杯子空掉，如何受用禪？」

如果我們不先把心中的失敗倒光，如何接受成功？

有的人老是覺得，自己是僥倖才有現在的成就；有的人害怕失敗，卻不知自己早已被成敗控制了。

很多人習慣於打擊自己，在做任何事之前，一家要先澆自己一盆冷水：「算了吧！反正我一定做不好。」或是：「再怎麼做，人家也不會滿意。」如果真如預期，愚笨的人反而還沾沾自喜自己的「先見之明」。

就像一個人在出門之前，就緊閉雙眼，堅持盲目而行。這種人已經認為自己即將失敗，只是時間早晚的問題，所以對失敗也不會有太大的感覺。

他不知道自己有多麼大力主導了這個失敗，當然，他更不會知道自己有多大的力量可以造就成功。

成功是，讓自己的思想方向朝向正確成功。

什麼是成功？只有你才能賦予成功真正的意義，因為真正成功的人是你自己。

真正成功的人，了悟自己成功的真實意義，只有在自身的成功中，才能感受到真正的成功；了悟這個真諦，安住在這常勝思惟當中，使所思惟的方向都是朝向正確成功，如此才是「恆勝者」。

常勝者跟一般成功者不同的是，他不接受「我勝你敗」的成功。很多人把成功和失敗割裂了，誤以為自己成功必須建立在他人的失敗上。

其實，把成功定義為「我勝你敗」，這樣的成功是很辛苦的，即使真的打敗了所有的對手，恐怕也鬥爭得筋疲力竭，無法享受成功的喜悅了！

真正的成功不是「我勝你敗」，而是我們的心永遠安住在成功的心量之中。常勝思惟的人，讓自己永遠處於生命的高峰，他不以和別人的對立為成功，而是使別人都願意幫助他，使他更成功。

一座高山之所以成其高，是因為它底下還有很多基石。如果山頂上那塊石頭只顧著把別的石頭鬥下來，到最後，它可能真的如願成為最高的石頭；但因為其他的石頭都被鬥垮了，它卻成了平地上唯一的石頭，還是站在原地，無法成為高聳的巨峰。這是把大家都往下拉的「成功」，這其實不叫做「成功」，而叫做「失敗」。

一個成功者，不是一天到晚想著要把誰鬥下來，而是創造理想，決定讓別人一起來完成目標，和大家共同成就。

一個常勝思惟的人知道：「我現在已經成功了，現在的過程，只不過是執行成功的正確程式。」這樣一個具有成功宏觀的人，就像在攀登高峰，他不會心浮氣躁，斤斤計較自己已經走了多遠，因為他已經看到登上顛峰的景象，他胸有成竹，對一切路徑瞭若指掌。

他知道山路有高有低，不會到高處就洋洋得意，自以為了不起；也不會遇到一時低窪泥濘就長吁短歎、怨天尤人，他知道這所有的過程都是要成就一個正確的成功目標。在高處，他鼓勵大家繼續往上爬；在困頓時，他帶給大家振作的勇氣，他的心中就像陽光照徹。

大慈大悲觀世音菩薩，對眾生一切需求悉心守護。其中又以準提觀音，特別守護眾生離於一切災障，得以增長財富、官祿升遷、健康長壽；並能祛除眾生心中失敗的潛意識，增長智慧的能量，讓我們除了得到外在的成功之外，最重要的是擁有一顆成功的心，能創造自己及他人的圓滿成功。

準提觀音

準提觀音，又稱為準提佛母、七俱胝佛母。為六觀音，七觀音之一。

以此尊為本尊之修法的「準提法」，是非常普遍的修法。在《白寶口抄》卷六十一中說，修持準提觀音的增益法如下：「若人總無福祿宦位，但於二七日中至心念誦，隨有緣部加功依法，即得福祿

宦位，隨意所樂。又云：若復有人無福無相，求宮不遷，貧苦所逼，每十齋日常誦此咒，能令現世得轉王位，所求宮宦先當稱遂。」

根據《七俱胝佛母準提大明陀羅尼經》等所記載，誠心誦持準提陀羅尼，則能得光明燭照，所有罪障悉皆消滅，壽命延長，福德智慧增長，財寶充盈，並得諸佛菩薩之守護，生生世世離諸惡趣，速證無上菩提。

根據《七俱胝佛母所說準提陀羅尼經》記載，準提佛母身呈黃白色，結跏趺坐於蓮花上，身佩圓光，著輕縠，上下皆為白色，有天衣、角絡、瓔珞、頭冠，十八臂皆著螺釧，面有三目。

上二手作說法相。

右第二手作施無畏，施予眾生無畏。

第三手執劍，象徵斷除煩惱的智慧。

第四手持寶鬘，即花鬘，象徵佛法的清淨美好，從慈悲中出生。

第五手掌上置俱緣果，又稱「吉祥果」，可破除魔障。

第六手持鉞斧，象徵袪除貪、瞋、痴、慢、疑、惡見等六種根本煩惱。

第七手執鉤，象徵懷愛、勾召、聚集善緣之意。

第八手執金剛杵，象徵佛智堅固，摧破眾生煩惱。

第九手持念珠，象徵修行法器，消除一切煩惱障礙。

左第二手執如意寶幢，象徵降伏一切魔軍；第三手持開敷紅蓮花，象徵懷愛勾召眾生。

第四手軍持，為淨瓶內裝淨水，象徵平息眾生煩惱。

第五手羂索，為戰鬥狩獵用具，象徵羂索一切眾生脫離五欲淤泥。

第六手持輪，象徵轉輪聖王之輪寶，所向之處悉皆歸伏。

第七手商佉，即法螺，象徵法音遠揚。

第八手賢瓶，即寶瓶，內盛甘露，象徵平息煩惱災障，開顯眾生菩提心。

第九手掌上置般若梵篋，象徵般若智慧。

而西藏之準提觀音為四臂像，結跏趺坐於蓮花上，左右之第一手安於膝上持鉢，右第二手下垂作施無畏印，左第二手屈於胸前，執蓮花，花上安置一梵篋。

此外，準提觀音也有十四臂、六臂等像。

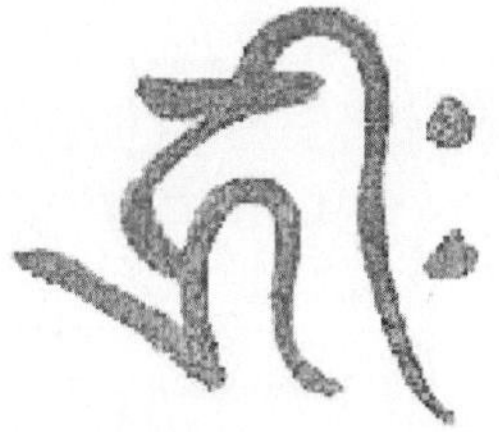

【準提觀音種子字、真言】

種子字：（bu）

南無① 颯哆喃三藐三勃陀俱胝南② 怛姪他③

唵④ 折隸⑤ 主隸⑥ 准提⑦ 莎訶⑧

namaṛ① saptānaṁ-samyaksambuddha-koṭīnāṁ②

tadyntā③ oṁ④ cale⑤ cule⑥ sundhe⑦ svāhā⑧

歸命① 七千萬正等覺② 即說③ 唵④

覺動⑤ 起昇⑥ 清淨⑦ 成就⑧

12 愛情，不空羂索觀音

【持蓮觀音】

一切眾生著諸欲，無開自性覺德故，
以觀音大悲三昧，入眾生貪染之泥中，
眾生妄念即表諸佛大悲也。

——《白寶口抄》

「死生契闊，與子相悅，執子之手，與子偕老。」真摯的愛情如此觸動人心。愛情，在人生中占有如此重要的地位。千處祈求千處應的觀世音菩薩，對眾生愛情的祈願，化身為各種不同的形象來守護。

愛情，確實是人生恆遠的課題。多年前，有一個朋友來找我。大家都公認他的事業很成功，太太是他大學時候的同學，兩個人長跑了好多年才結婚，共同奮鬥，經營了一家貿易公司，也有一對很可愛的寶貝。

他的苦惱是：他有外遇了。因為他發現當初自己深愛的人，現今已經再也激盪不起一絲熱情，只是變成一種類似朋友的關係；這時當一個清純的少女進入公司時，也就走進了他的生命。太太發現這件事，留下孩子，不告而別。這是一個通俗得老掉牙、卻又普遍得到處都是的故事。

過去所謂「白頭偕老」、「永浴愛情」等婚姻的祝福，似乎都成為泡影；夫妻間的關係，連同床異夢，都已經近乎高標準要求了。

外國有個諺語說「婚姻是愛情的墳墓」，東方也有以「圍城」比喻婚姻，婚姻可能帶來的危機，古今中外皆然。

另一個朋友的苦惱更嚴重，他先是從外遇的愛情推翻了婚姻的愛情，但是也從婚姻中愛情的褪色，預感到外遇的愛情將為另一個更新的愛情所取代。

「難道海枯石爛的愛情真的成了神話？」這位朋友百思不解。

同樣的問題，是更多女人疑惑的，她們所受到的傷害與苦惱似乎更甚於男人。

婚姻的不安，泰半來自於夫妻間愛情的褪色，說得更精確一點，應該是「激情」的褪色，而造成誤以為是「愛情」褪色的錯覺。

戀愛中的人，在忙於補捉情人一顰一笑的同時，更忙於調整自己的內外身心，以求迎合對方，所有的生活都是忙於為對方安排的。所謂「情人眼裡出西施」，正說明我們多麼疏於觀察對方的弱點，而急於奉獻、調整自己。

這是一種非常耗費心神與能量的活動，事實上，任何人都不可能把這種活動持續下去，總有要停止的時候——不論戀愛成功或失

敗。年少時青澀的單戀，為愛情譜下一個美麗的句號；而愛情長跑成功者，反而為將來的墜落埋下危機。

大多人都把「激情」與「愛情」畫上等號，事實上，前者只是後者的一部分，真正說起來，應該是：婚前有激情，婚後有愛情，當激情平息之時，正是愛情厚實的時候。然而，大部分的人卻經常想反了。結婚是一種契約行為，雙方有許許多多激情之外的現實事務與人際關係需要進行，這時任何人都不可能繼續婚前的激情，為對方的一顰一笑而徹底調整、奉獻自己，如果這樣要求對方，簡直就是在謀殺他（她）。

當你感到婚姻太過單調、褪色時，正是提醒自己要回頭多加照顧、維護婚姻，而非向外尋覓。

愛情、婚姻，對人生的幸福與否占有極大的比重，觀世音菩薩也能滿足男女雙方希望永浴愛河的深心祈願，進而從愛情中開啟更深刻的慈悲與智慧。

經典故事

在觀音的化身中，有一尊馬郎婦觀音，其形象為手持魚籃，或乘騎大魚，係起源於我國唐代民間之信仰，現今盛行於日本。

相傳，唐憲宗時候，陝西之地的居民多以捕魚為生。有一天，村子裡來了一位年輕美麗的女子，她每天赤著雙腳，手提著魚籃，在村子裡賣魚。這位美麗的女郎，讓村裡的年輕小伙子心生愛慕，紛紛向她求婚。但求婚的人共有二十幾人，這位女子就告訴他們：「我一個人無法許配你們這麼多人，不過我現在有個辦法，可做為選擇的標準，就是由我將佛教《法華經•普門品》口授給你們，凡是一天之中，能夠背誦的，我就嫁給他為妻。」

結果在一天當中，有半數的男子把《普門品》背熟了。於是女子又開出另一個條件：「只要有人能在一天當中，把我口授給你們的《金剛經》背熟，我就嫁給他。」結果一天後，仍有四個男子將《金剛經》背熟。最後女子說：「我現在再為你們四人口授《妙法蓮華經》，假如有人能在三天內將這部經典背熟，我就嫁給他。」

最後只有一位姓馬的賣魚郎，大家都稱他馬郎，只有他把《法華經》背熟了，於是女子也遵守諾言，請他回去準備迎娶。

不料成婚那天，女子忽然暴斃而亡。由於天氣炎熱，屍體很快腐爛，散發出陣陣臭味，馬郎只好忍住悲傷，料理喪事，將屍體埋葬，並誓言終身不再娶妻。

此後，馬郎每天都誦念女子教他的三部經，以此來紀念這段愛情。

幾個月之後，有一位老和尚來到村子裡，和馬郎談論佛法，提到馬郎娶妻之事，馬郎一一告知，和尚便對他說：「你可知那位賣魚的美麗女子是誰嗎？她不是一般平凡的女子，而是觀世音菩薩特地化現來感化你們的。你如果不信，可以同我到墓地將棺木打開來看看。」

於是和尚就帶著馬郎和村民將女子的棺木打開，卻不見遺體，大家驚訝的合不攏嘴；再轉頭一看，老和尚也不見了，這時馬郎才恍然大悟，原來賣魚女與老和尚都是觀世音菩薩所化現來度化村民的。

此後馬郎便將所住之處改建為觀音庵，並將觀世音菩薩化現的樣貌，手提著魚籃，赤著雙腳，塑成法像來供養。

不空羂索觀音

對於愛情的祈願，在千手觀音、準提觀音及不空羂索觀音等，都有修持愛敬和合之法。

不空羂索觀音一名中的「不空」（Amogha），是指心願不空之意。「羂索」（pa）原來是指古代印度在戰爭或狩獵時，捕捉人馬的繩索。以「不空羂索」為名，是象徵觀世音菩薩以慈悲的羂索，救度化導眾生，其心願不會落空的意思。

依《不空羂索神變真言經》所傳，在往世觀世音菩薩曾經接受世間自在王如來的傳授，而學得不空羂索心王母陀羅尼；並於初得此

陀羅尼時，即證得十百千不空無惑智莊嚴首三摩地門。由此真言之力，現見十方無量無數種種剎土諸佛如來所有會眾，而皆供養聽聞深法，輾轉教化無量有情，皆得發趣無上菩提。此後，觀世音菩薩即常以該真言教法，化導無量百千眾生。因此，當觀世音菩薩示現化身，以此法救度眾生時，便稱為不空羂索觀音。

所以，此尊觀音的形象，雖然有一面八臂或三面六臂等多種，且手持羂索，有懾伏眾生的意思。但其真正的寓意，則是誓願宏深的廣大慈悲，永不棄捨一切眾生。

不空羂索觀音有多種不同形象，依照《不空羂索神變真言經》所記載，其形一面四臂，面目熙怡，首戴寶冠，冠有化佛，四臂除有一手揚掌外，餘三手分別執蓮華、羂索、三叉戟。同經亦列有三面六臂像，說其正面熙怡，左面顰眉怒目張口，上出獠牙，右面顰眉怒目合口。首戴寶冠，冠有化佛；各手執蓮華、羂索、三叉戟；一手施無畏，一手舉掌，結跏趺坐，坐蓮華上。

此菩薩在胎藏曼荼羅觀音院內，形相為三面四臂，每面皆有三目，正面肉色、右面青色、左面黑色，表三德之意。左第一手持蓮華，第二手攜羂索，右第一手持念珠，第二手執軍持。並披有鹿皮袈裟。

另外有一面三目十八臂、一面四臂（或三十二臂）、三面二臂

（或四臂、六臂、十臂、十八臂）等等，最普遍的應是一面三目八臂像，其形象如下：

眉間白毫上豎有一目，左右一手合掌當胸，左次手持蓮花，次手於膝上持羂索，第四手作與願印；右第二手持錫杖，第三手於跏上持白拂，第四手作與願印，垂諸指仰掌，左右相對作同印不持物。二足以左安右上，著鹿皮袈裟。

依經典所載，凡是如法受持不空羂索心王母陀羅尼的人，現世可得無病、富饒、無橫災、一切諸天常守護、俱四無量心等二十種功德；臨終也可得無諸病痛、觀音蒞臨勸導、隨願往生諸佛淨剎、蓮華化生、常見諸佛、恆不退轉等八種利益；甚至於有護國佑民、防止天災地變等功德。密教中亦有以此為本尊之修法。

不空羂索觀音，安坐在紅蓮花上，特別代表觀音慈悲懷愛的特德，而其手持羂索，也象徵著此尊對所欲勾召懷愛的對象具有廣大威力。

【不空羂索觀音種子字、真言】

種子字：（mo）或（sa）或（hūṃ）

真言：

隨作事成就眞言

唵　阿慕伽　毗闍耶　鈝泮吒

oṁ　amogha　vijaya　hūṁ phaṭ

歸命　不空　最勝　滿願破壞

千手觀音的懷愛法

在經典中記載著許多以千手觀音為本尊的懷愛修法，能使愛情增長，家庭和樂。經典中說：若有夫妻不和，如水火者不容，取鴛鴦尾，於大悲心像前咒一千八返，身上帶，彼此即終身歡喜相愛敬。又說，夫妻不和時，若供養、若護摩，可修千手法。

依據《千光眼觀自在菩薩祕密法經》、《大悲心陀羅尼經》所記載，千手觀音的四十手各表徵不同的特德，並顯化出相應四十尊觀音。以下是與敬愛、鉤召相應的諸尊：

1.敬愛法蓮華部——人際和合

合掌手：現敬觀音，人非人愛念。真言：唵　尾薩囉尾薩囉吽泮吒

寶鏡手：鏡智觀音，得智慧。真言：唵　尾薩普囉那囉葛叉嚩日囉　曼荼攞羅吽泮吒

寶印手：智印觀音，得辯才。真言：唵　嚩日囉儜擔惹曳薩嚩賀

玉環手：持環觀音，得男女僕使。真言：唵　鉢娜軩味囉野薩嚩賀

寶瓶手：持瓶觀音，善和眷屬。真言：唵　揭隸摻滿焰薩嚩賀

軍持手：禪定觀音，生梵天。真言：唵　嚩日囉勢佉囉嚕吒哈吒

紅蓮手：天花觀音，生諸天宮。真言：唵　商揭隸薩嚩賀

錫杖手：慈杖觀音，得慈悲心。真言：唵　那㗚智那㗚智那嚩吒鉢底那嚩帝娜夜鉢儜吽泮吒賀

2.鉤召法羯磨部—勾召一切善緣

鐵鉤手：鉤召觀音，善神擁護。真言：唵　阿喟嚕哆囉迦囉毗沙

曳囊謨薩嚩賀

頂上化佛手：灌頂觀音，得佛授記。真言：唵　嚩日哩尾嚩日藍藝薩嚩賀

數珠手：念珠觀音，佛來授手。真言：囊謨囉怛囊怛囉夜野唵阿那婆帝尼惹曳悉地悉馱嘌簪薩嚩賀

寶螺手：持螺觀音，呼召善神。真言：唵　商揭嚇摩賀糝滿焰薩嚩賀

寶箭手：速值觀音，遇善友。真言：唵　迦摩攞薩揉賀

寶篋手：見隱觀音，得伏藏。真言：唵　嚩日囉播設迦哩揭囊犃囉吽

髑髏手：縛鬼觀音，使令鬼神。真言：唵　度囊嚩日羅

五色雲手：仙雲觀音，成就仙法。真言：唵　嚩日囉迦哩囉吒犃吒

觀音菩薩的懷愛鉤召守護，無論是情人、夫妻、家庭的和樂敬愛，或是增進自身在工作上的領導力、親和力，都有極大的效用。而在出世間的修行上，則能攝受各種智慧、慈悲力量，使一切大眾、護法樂於守護，攝取無上菩提，迅速成就世間與出世間的幸福光明。

觀音的修行法門

心經修持法
耳根圓通修行法門
觀世音菩薩的咒語修持法

世尊，我念過去無量億劫，有佛出世，名曰：千光王靜住如來。彼佛世尊憐念我故，及為一切諸眾生故，說此廣大圓滿無礙大悲心陀羅尼，以金色手摩我頂上，作如是言：「善男子！汝當持此心咒，普為未來惡世一切眾生作大利樂！」

——《千手千眼觀世音菩薩廣大圓滿無礙大悲心陀羅尼經》

在大乘佛教中，觀世音菩薩的修行法門不僅影響極為深遠，也是極為有力的法門。由於觀世音菩薩的悲心極為廣大，因此，循聲救苦、大悲普門救度一切眾生，就成為其法門的特色。另外，還能施予眾生無畏，更能使眾生成就圓滿的智慧，如《般若心經》就是觀世音菩薩的智慧法門。

觀世音菩薩的法門有「寓智於悲」的特質，因此在本篇中所介紹的修行法門，主要為大家所熟知的《般若心經》觀自在般若法門，及觀世音菩薩在《楞嚴經》中所宣說的〈耳根圓通〉法門，和觀世音菩薩流傳最廣的咒語——大悲咒、六字大明咒及準提咒等簡介。

觀世音菩薩的修行法門具足大悲、大智、大定與妙行實踐的特質，是每一位修行人都應當依止的法門。

心經修持法

在觀世音菩薩的法門裡，有一部大家耳熟能詳的經，經文很短，幾乎是很多的學佛者都會背誦的經典，也是很深奧的一部經典，就是《般若心經》。

度一切苦厄的觀自在菩薩

《心經》一開頭就說：「觀自在菩薩行深般若波羅蜜多時，照見五蘊皆空，度一切苦厄。」即是直接建立觀自在菩薩修行的功用。

五蘊，即色、受、想、行、識。五蘊、六根……等等這些法相，只是表義，事實上，它代表了一切我們所建立的諸法現象。因此，從「無眼、耳、鼻、舌、身、意，無色、聲、香、味、觸、法；無眼界，乃至無意識界」中可以得知，我們也可以說無三界，可以說無四生，乃至無十法界，都可以建立，所以其實是「無一切」。當心生起這種覺觀時，就可以透過我們的智慧，徹底地斬斷一切的執著。而當這一切的執著都消滅了，炯然現起般若波羅蜜多的心髓，而這個心髓能使我們到達遠離生死的彼岸。

修持《心經》時，首先必須徹底了解《心經》的正見，使我們建立當斷、當立之修法，然後依此當斷、當立之修行，達到心經所現成佛之果德。

修持《心經》時，最簡單、最基本的方法，就是把《心經》背起來，這是很重要的。當我們把《心經》背起來之後，在日常生活中，就可以時時刻刻的從經中去理解、體會《心經》的真義。

心經的白話語譯

觀自在菩薩，行深般若波羅蜜多時，照見五蘊皆空，度一切苦厄。	聖觀自在菩薩，正在實踐著圓滿至深智慧到達解脫彼岸的妙行。 當下覺照到色身、感受、思想、心行、意識等五種生命身心現象的存有，都是現空的，因此超越度脫了一切的苦厄。
舍利子！色不異空，空不異色；色即是空，空即是色。受、想、行、識，亦復如是。	舍利子啊！所有生命色身的現象都是空的，而空性正是生命色身的存有狀態。 因此，色身不異於空，空也不異於色身；色身即是空，而空即是色身自身。 同時生命其餘的感受、思想、心行、意識等四種精神現象，也與色身的存在情形完全相同，都是空性的。

舍利子！是諸法空相：不生、不滅，不垢、不淨，不增、不減。	舍利子啊！這一切諸法存有都是空的相狀，是不生、不滅，沒有染垢、沒有清淨、沒有增加也沒有減少的。
是故空中無色，無受、想、行、識；無眼、耳、鼻、舌、身、意，無色、聲、香、味、觸、法；無眼界，乃至無意識界；無無明，亦無無明盡，乃至無老死，亦無老死盡；無苦、集、滅、道，無智亦無得。	所以，在空的狀態中，沒有色身現象的存有，也沒有感受、思想、心行與意識等精神現象的存在；沒有眼、耳、鼻、舌、身、意等六根作用的主體，也沒有色、聲、香、味、觸、法等六塵外境現象的存在；沒有眼界，乃至沒有意識界等現象本質；沒有無明，也沒有無明的滅盡；乃至沒有老死，也沒有老死的滅盡；沒有苦、沒有苦的集聚原因、沒有苦的滅盡，也沒有滅除痛苦的實踐之道。因此，沒有能知的智慧，也沒有所能得悟的對象。
以無所得故，菩提薩埵，依般若波羅蜜多故，心無罣礙，無罣礙故，無有恐怖，遠離顛倒夢想，究竟涅槃。	因為沒有任何所得的緣故，菩提薩埵依著智慧圓滿到達彼岸的作用，內心沒有任何的罣礙。因為沒有任何罣礙的緣故，所以也沒有任何的恐懼怖畏，遠離超越了一切虛幻不實的顛倒夢想，而證入圓滿究竟的涅槃境界。

三世諸佛，依般若波羅蜜多故，得阿耨多羅三藐三菩提。	而過去、現在、未來的三世諸佛，依於智慧圓滿到達彼岸的作用，得證了究竟無上平等圓滿的正等正覺。
故知般若波羅蜜多，是大神咒，是大明咒，是無上咒，是無等等咒，能除一切苦，真實不虛。	所以，應當了知：智慧圓滿到達彼岸的般若波羅蜜多，是偉大神妙的咒語、是大智慧的咒語、是無上的咒語、是超越一切無可比擬的咒語；能除盡一切的痛苦，是完全真實而不虛妄的。
故說般若波羅蜜多咒，即說咒曰：揭諦揭諦　波羅揭諦　波羅僧揭諦　菩提薩婆訶。	所以，宣說般若波羅蜜多咒，即是宣說咒語為：「去吧！去吧！到彼岸去吧！完全到達彼岸去吧！覺悟吧！謹願成就！」彼岸是指超越生死、煩惱的涅槃境界。

般若心經的心要

1.行深般若波羅蜜多

《般若心經》的第一句話「觀自在菩薩行深般若波羅蜜多時」，這個「深」就是指：「他已經圓滿實踐般若波羅蜜多圓滿的境界了。」這是般若波羅蜜多的圓滿，也就是到達彼岸圓滿的境界。

所以說，「行深般若波羅蜜多」，不只是在「行」般若波羅蜜多，而是般若波羅蜜的「完成」；用這果地的境界來實踐的時候，才能「照見五蘊皆空」，而這個照見是當下觀照。但是，行深般若波羅蜜多，是沒有能照、所照的對象，所以不是有一個叫「般若」的東西，而是行深般若波羅蜜多時，也同時在覺照，同時照見五蘊皆空。這兩個動作，是同時一如的，即觀照時，同時安住在般若波羅蜜多的境界中。

2.無智無得的觀行

經文中的「無智亦無得」，也是一種觀行。若是在修行中起「有所得」心，這時就要迴破。我們可以現觀，但是心要無得。無智亦無得，這是一種「還照」的修行境界。

另外，修持《心經》時，可以用「行深般若波羅蜜多」，來做實踐觀行的功夫。

3.心無罣礙行

「以無所得故，菩提薩埵依般若波羅蜜多故，心無罣礙，無罣礙故，無有恐怖，遠離顛倒夢想，究竟涅槃。」

我們若依據般若波羅蜜多，這個心在運作的時候是無罣礙的，無住生心；而這「生心」也是無罣礙的。我們心生起來的時候是無罣礙，就可以去除掉我們以前所有的恐怖了，遠離一切的顛倒夢想，心安住了。但是，這時的安住境界，還不是那麼圓滿，只是到達一個境界，休息一下。就菩薩而言，是證得涅槃，沒有罣礙了，是一種很欣然、很喜悅的覺受，達到一個安住的地方。

圓滿《心經》果德

觀自在菩薩具二義：一是顯現諸佛大悲種性的觀自在菩薩；二是我們自身行持《般若心經》的觀自在菩薩，也就是我們自身。我們能觀自在，就是觀自在菩薩；不能行觀自在，就是發願行觀自在者。而觀自在菩薩，他能夠度一切苦厄，如此相應回來，我們就是佛境菩薩行的行者。

所以，就整個《般若心經》的見地、道地跟果位，可以總攝一句話，也就是：我們在體性上具足整個佛的見、道、果位，而示現行持的觀自在菩薩。

誦持心經靈感故事

依觀音力脫困沙漠的玄奘法師

偉大的玄奘法師，至印度取經時，即是依《心經》及一心稱念觀音聖號而度脫險境。他十一歲出家，從兄長捷法師每日學習精要之理，十三歲就升座講演，詞理備盡，聲名遠播。

當時他居住在四川，有一天遇見一個病人，身上長瘡，流出膿汁，充滿臭穢，他的衣服破損污垢，人人皆嫌惡，只有法師悲憫他，不但布施給他衣服，又照護其飲食。病人感念法師的恩德，乃傳授法師《般若波羅蜜多心經》，法師也經常誦習。

玄奘法師二十九歲時，發願西行至印度取經。取經的過程中，經常遭遇各種危難，法師一心稱念觀世音菩薩，而得以脫險。當初法師到達敦煌時，過了玉門關，只見前方平沙八百餘里，上無飛鳥，下無走獸，更無水草。法師只是一心稱念觀世音菩薩聖號及《般若心經》。

法師向西北前進，四顧茫然，前後都無過往的人馬。沙漠的夜裡時有妖魅舉火燦爛若繁星，白晝則有驚狂暴風，暴風所擁起的風沙散時，如雨下一般。如此四夜五日，玄奘法師無滴水進喉，口腹乾焦，幾乎將至殞絕，再也無法前進，連人帶馬，倒臥沙中。雖然至此，法師仍一心默念觀音聖號，並敬啟菩薩：「玄奘此行不為求財求利，也不是求取名譽，只是為無上道心正法而來，仰惟觀世音菩薩您慈念群生，以救苦為要務，我在此身心甚為苦痛，您難道會不知嗎？」法師如是禱告，心心無間，如此一直到第五夜半，他忽然感到有涼風觸身，輕冷暢快，如沐浴於寒水之中，於是他的雙目復得明視，乘馬亦能起行。

如此行經數里，忽然看見青草數畝，又見一個水池，水味甘美，清澄如鏡，人馬俱飲，身命重新獲得保全，人馬俱得甦息。法師心中知道此處水草應非原來就有，而是己心志誠所感，觀世音菩薩之慈憫施化所現，因此法師才得以安然度過流沙，抵達高昌國。

到高昌國後，高昌國王對法師隆重禮待，堅持要留住法師，卻被法師婉拒，國王只好請使者護送法師到西域。法師遊歷五天竺境，往還共經一十八載，經歷一百三十五國途中，所經歷的各種危險災難，皆能安全度過。這一方面是法師宿願所致，也是觀世音菩薩之慈悲護佑。

耳根圓通修行法門

觀世音菩薩在《楞嚴經》中宣說他所修習的是耳根圓通法門。當時觀世音菩薩是在一位名號亦是「觀世音」的如來座下發菩提心的，而耳根圓通法門就是那位觀世音如來教導的。

因大悲心而修學

在《楞嚴經》中說，觀自在菩薩是以修持耳根圓通法門成就的。我們如果能更進一步了解觀世音菩薩所修學的法門，自然就能與菩薩更相應一分。

1.發菩提心

《楞嚴經》云：

「世尊！憶念我昔無數恆河沙劫，於時有佛出現於世名觀世音。我於彼佛發菩提心，彼佛教我從聞、思、修入三摩地。」

「初於聞中，入流亡所，所入既寂，動靜二相了然不生，如是漸增，聞所聞盡，盡聞不住，覺所覺空；空覺極圓，空所空滅；生滅暨滅，寂滅現前。忽然超越世間，十方圓明，獲二殊勝。一者，上合十方諸佛本妙覺心，與佛如來同一慈力；二者，下合十方一切六道眾生，與諸眾生同一悲仰。」

首先，觀世音菩薩於佛處發菩提心，接著是從聞、思、修入三摩地。發菩提心就是發無上正等正覺之心——眾生無邊誓願度、煩惱無邊誓願斷、法門無量誓願學、佛道無上誓願成，即悲智圓滿之心。菩提心若無成，耳根圓通亦無成，所以修持這法門之前要先發菩提心。

2.心安住於聲中

再來是從耳根的聞思修入三摩地，了解聲音的本質原是空性，是緣起的，各種聲音產生的喜怒哀樂都只是因緣和合而已。

修學者可以選擇聽一個自己能夠容易安住的聲音，如：河聲、水聲、海潮聲，我們聽這些聲音，即「初於聞中」。聲起時聲起、聲滅時聲滅，聲起聲滅，聞性自在，無差別；聲起時聞到有聲、聲滅時聞到無聲，聲起聲滅，體性自如。就這樣聞、聞、聞……，聽這聲音聞性不滅；聽，聽，聽……，聽這聲音容易入定。入三摩地，止住了，即楞嚴中的妙奢摩他。

3.主體與客體的消融

心止住後，即知，原來要進入聞之體性。「入法性流」即入聞的體性；

「入法性流」後，聞性如是，遍滿一切，非內非外非中間，這時所聽的聲音就慢慢消失了，對象就沒有了，即同入聞性。

「所入既寂」，所聞的聲音都沒有了，而「入」聞性的這個心也沒有了、寂滅了，這時心完全止住在妙奢摩他中，所有動、靜二相皆不生。因為止住了，完全進入妙止的境界中，妙止於聞性、妙止於法流中，所以動靜二相了然不生。

「覺所覺空」，從聞之體性中，覺一切體性都是空的，連「能覺的心」與「所覺的聞性」都是空的。這時要將「覺悟有這覺明的心」也要反觀、反破；空掉能覺、所覺的心，把「覺」全部反破、空掉。空掉後會打成一片。最後，「空覺極圓」，是遍滿、無間斷——遍滿一切處，時間無間斷的安住。

一切時空都慢慢地打破中，能空、所空都滅了。要空掉的是「覺悟」與「能空」的這覺性，二者亦同時寂滅；此時所有生滅現象都沒有了，連空也沒有了。

生滅現象完全寂滅時，法性現起，寂滅現前，覺中必明，能大作用；這時忽然現起，必然超越世出世間，十方圓明，獲得二殊勝。

從聞聲中，要與悲智相應。悲智的運轉，讓我們有力，不斷的回溯，到達最後生滅寂滅。

耳根圓通的廣大勢力

「忽然超出，世出世間」，這是示現了十方三世同時炳現的境界。當證得耳根圓通時，剎那之間，一切對立都蕩然無存了，這時整個法與法性體全部結合在一起，自身即是法界，法界即是自身，破二重障礙，十方圓明，得二殊勝，上與諸佛如來同一慈力，下與十方一切六道眾生同一悲仰，這才是耳根圓通的究竟。並證入楞嚴妙行的境界，如經中所說：「世尊！由我供養觀音如來，蒙彼如來授我如幻聞、薰聞，修金剛三昧。與佛如來同慈力故，令我身成三十二應，入諸國土。」

因為耳根圓通的勢力，而使觀世音菩薩化身無數，可示現佛身、獨覺身、梵王身……等等，可在十方法界中現各種身。這一些都是楞嚴妙行的境界，也是觀世音菩薩三十二應身整個的湧現。

耳根圓通法門的殊勝

耳根圓通最主要就是要打破「耳根聽聞聲音」的執著障礙，而不是為了去聽聞聲音。耳根圓通就是透過「人有耳朵會聞聲」的這個因緣基礎，來打破對音聲的執著。

我們都具備了眼、耳、鼻、舌、身、意，耳朵隨時隨地接收外面的訊息，而耳朵對聲音的聽聞又相當的敏感，這就是耳根圓通的殊勝之處。因為人類的眼睛無法一天二十四小時都睜開著，鼻子分辨氣味也無法很精確靈敏，嘴巴也很難常常張開著，舌的味覺容易疲累，意則持續專一心思於某一事物也很不容易，所以耳根圓通的殊勝之處就是在此，它隨時可用。

在《楞嚴經》中就認為，耳根圓通是最快速的方法，耳根圓通法門修行成就後，則其他五根當然也就修行成就了，如此一來即可六根互用。

以上是觀世音菩薩的耳根圓通法門。

觀世音菩薩的咒語修持法

觀世音菩薩為了救度一切眾生，在法界以無量化身尋聲救苦、慈航普度。在法界中化身無量，都是要使眾生安住於吉祥解脫的光明境界。

在大乘佛法中，由於觀世音菩薩的大悲心切，因此可以說是以最多的化身、開出最多的法門，在各種不同的因緣、境界中，隨時隨地濟助眾生。

在這無數的法門中，真言咒語也是重要的一支。觀世音菩薩以他的大悲心要，隨著眾生的祈請因緣，而傳誦出無數救度眾生與幫助眾生修行圓滿的真言陀羅尼。使一切的眾生在遭受到病苦、障難時，能消災解厄；在需要世間與出世間的菩提資糧時，能如願滿足；在修行需要增長定力、慈悲、智慧時，能獲得加持導引；在趨入無上正覺大道時，能夠有所證悟。

因此觀世音菩薩的真言法門，是全方位的照顧眾生，就如慈母一般地照顧我們，無災無難的修行直到成佛。所以，不管是世間的一切需求與出世間的修行，觀世音菩薩的真言寶庫似乎就像無盡的寶藏一般，無限制的供應眾生的需要，直至成就無上的佛果。當然最重要的是，要如何使用這無盡的真言密庫寶藏了。

一心體會觀世音菩薩「寓智於悲」的大悲密意，一心持誦觀世音菩薩的真言咒語，一心憶念著觀世音菩薩的圓滿境界，是持誦觀音真言的根本訣要。在此，我們介紹常見的觀世音菩薩真言，做為讀者修行的依止方便。

當我們在誦念修持密咒時，我們的心越空，愈不執著，那麼這種心念與佛菩薩越相應，其涵蓋的範圍、證得的境界，也越深廣、圓滿，所以在持誦咒語時，千萬不可執著於咒語的外相，而是要了知咒語本身的內義與諸佛菩薩的大悲心意。

諸佛菩薩的咒語，都是在他們所安住的境界、所安住的緣起裡，自法性的祕密心中所流出的。當我們真正了知一切咒語本身的密意時，會豁然發覺：一切山河大地所發出的音聲都是法界的密咒，皆為聲空不二的三昧境界，也是觀世音菩薩的大悲心意、觀世音菩薩的真言密咒。

大悲咒

大悲咒即是「大悲心陀羅尼」，又稱為「廣大圓滿無礙大悲心陀羅尼」。廣是悲心，大是智慧，意即有智慧、有悲心且圓滿無礙。大悲心為觀世音菩薩之本心，而觀世音菩薩之本心與我們的本心並無不同。為什麼他會以如此之形態示現呢？這完全是大悲心作用，並在緣起上相應。

《千手千眼觀世音菩薩廣大圓滿無礙大悲心陀羅尼經》是釋迦牟尼佛在補陀洛迦山觀世音菩薩道場時，由觀世音菩薩所宣說的，是菩薩在過去無量億劫前，由千光王靜住如來將此心咒傳授給他的。當時菩薩才住初地，一聞此咒，即超第八地。心生歡喜，即發誓言：「若我當來，堪能利益安永一切眾生者，令我即時身生千手千眼具足。」所以觀世音菩薩因此咒而發願顯現千手千眼，代表通身手眼救度眾生：以千眼悲視、救度眾生之煩惱，以千手來攝度、護持眾生，正代表大悲力用無盡。而大悲咒真正的核心，就是以下的十種深心，具足此十心，大悲咒的力量則增強百千萬倍。

1. **大慈悲心**：大慈是給予眾生喜樂，大悲是拔除眾生痛苦，要具足此大慈悲心才是廣大圓滿無礙大悲心陀羅尼。大慈悲心是從法界體性力中產生，是從菩提心中直接產生的力量。

2. **平等心**：了知法界一切平等，諸佛、眾生無有差別，我與諸佛同等無二。我持誦此咒即諸佛持誦此咒，而心中無任何我慢，是整個法界力在持誦此咒，沒有我也沒有諸佛的分別。我持誦此咒供養一切眾生，一切眾生亦是受供的佛陀。一切平等平等、無二無二。

3. **無為心**：無為是不執著、不作意，自然而起，不假循誘，脫口而出；自然生起，心無障礙，此即無住生心，過去、現在、未來三心不可得。無為無造作，自然脫口而念。

4. **無染著心**：不執著大悲咒的境界，不執著諸佛的境界，不執著眾生的境界，不執著所有的神通境界，不染著於大悲咒、也不染著於大悲咒的功用，一切都是如幻、現觀的。

5. **空觀心**：空觀就是如幻。觀察緣起性空、現觀如幻，同樣亦無任何染著，連大悲咒也是空。因空之緣故，所以能生起大悲咒。

6. **恭敬心**：雖然我們了知是空、是如幻、是無染著，但卻對大悲咒有無上的恭敬心，對觀世音菩薩有無上的恭敬心，對諸佛有無上的恭敬心。因此在誦持大悲咒前，我們可以恭敬稱念：

南無千光王靜住如來

南無阿彌陀佛

南無大悲觀世音菩薩

7. **卑下心**：雖然知道諸法平等無二，但不自滿、不自足，供養此咒。宛如大地一般，供養一切，心不貢高。

8. **無雜染心**：無雜染心是定，脫口而出，安住於大悲咒中，心無任何混亂，安住在定慧等持的境界，是無雜染心。

9. **無見取心**：見取是在五蘊法中忘卻我執，卻去取著諸法。無見取心則是與空觀心相應的，無見取心是空觀，就是起現空、不執著，念念不可得。是無念法門，是般若法門，是一行三昧。一行當中行、住、坐、臥皆在持誦大悲咒，而不執著；雖度一切眾生而實無一眾生得度者。

10. **無上菩提心**：要發起無上菩提心，與觀世音菩薩及十方諸佛同一慈力、與眾生同一悲仰，具足無上菩提，救度一切眾生。

我們要憶持這十種陀羅尼相貌，具足這十種相貌，才是真實誦持大悲咒。

要修持大悲咒者，首先應發起感恩之心，法源清淨，皈命大悲觀音本尊及此神咒，接著要發起如下的大願與觀世音菩薩相應：

若有比丘、比丘尼、優婆塞、優婆夷、童男、童女，欲誦持者，於諸眾生，起慈悲心，先當從我發如是願——

南無大悲觀世音　願我速知一切法
南無大悲觀世音　願我早得智慧眼
南無大悲觀世音　願我速度一切眾
南無大悲觀世音　願我早得善方便
南無大悲觀世音　願我速乘般若船
南無大悲觀世音　願我早得越苦海
南無大悲觀世音　願我速得戒定道
南無大悲觀世音　願我早登涅槃山
南無大悲觀世音　願我速會無為舍
南無大悲觀世音　願我早同法性身

再來更發願：

我若向刀山，刀山自摧折；我若向火湯，火湯自消滅；我若向地獄，地獄自枯竭；我若向餓鬼，餓鬼自飽滿；我若向修羅，惡心自調伏；我若向畜生，自得大智慧。

這是祈請觀世音菩薩幫助我們得到清淨圓滿的境界，摧伏一切惡障。

發是願已，至心稱念我之名字，亦應專念我本師阿彌陀如來，然後即當誦此陀羅尼神咒。一宿誦滿五遍，除滅身中百千萬億劫生死重罪。

若是能如法地誦持此咒，不只佛法通達，一切世間學問也悉能了解，各種經典、法術也能通達，能驅除一切疾病、也能制伏一切天魔及鬼神等，使其不能相障礙。

如果能如前述的方法來誦持大悲咒，並能對一切眾生起十種深心，則觀世音菩薩會差遣其廿八部眾及一切誓願護持者，共同守護行者。

【大悲咒的名稱由來】

大悲咒的名稱是這樣來的——

在法會中，阿難問佛：「當何名此咒？如何受持？」

佛告阿難：「如是神咒有種種名，一名廣大圓滿，一名無礙大悲，一名救苦陀羅尼，一名延壽陀羅尼，一名滅惡趣陀羅尼，一名破惡業障陀羅尼，一名滿願陀羅尼，一名隨心自在陀羅尼，一名速超上地陀羅尼，如是受持。」

這些名稱都代表了此咒的作用，所以此咒有廣大圓滿的作用、無礙大悲的作用、救苦的作用、延壽的作用、滅惡趣的作用、破惡業障的作用、滿願的作用、隨心自在的作用、速超上地的作用。因之，我們須從名號上來思惟此陀羅尼，了解此陀羅尼後再來持誦，會更圓滿。

六字大明咒

六字大明咒的由來，相傳往昔觀世音菩薩為阿彌陀佛的弟子時，具足諸行，體解萬法、平等慈視眾生，發起大誓願曰：「盡我形壽，遍度一切眾生，如果有一眾生不得度者，我誓不取正覺。如果我於眾生未盡度之時，自己背棄此宏誓者，則令我之腦裂為千片。」菩薩發誓之後，就專心極意，化身度脫眾生。

如是經過無量劫的時間，其所度脫的眾生，窮盡恆河沙所不能計算。而此時，菩薩環顧世間眾生，繼續出生無量，而愚癡墮落，受各種痛苦；造種種惡業者，也是無量，如此輪迴不已。而眾生對苦終不能窮絕，於是菩薩生起大憂惱，他心想：「眾生之苦，乃是眾生與生俱來；世間即然存在了，苦何能窮盡呢？苦如果不盡，眾生豈能度盡？往昔我所發之宏誓，是徒然自苦而已，而對眾生也無有助益；這種愚痴無益之行，何必堅持呢？」

這種退轉的心才生起，觀世音菩薩之腦，忽然自裂成千片，就如同千葉蓮花一般；而他的老師阿彌陀佛，則現身於菩薩之腦中，發出慈悲之音，勸慰菩薩：「善哉！觀世音菩薩，你的宏誓不可捨棄，否則你往昔一切努力，一切將成為虛妄。你只要勤勉精進，誓願必然成就。三世十方的一切諸佛菩薩，必定加持護佑你，幫助你成就。」阿彌陀佛即說六字大明咒。

觀世音菩薩聽聞此真言已，得度大智慧，生起大覺悟，於是，堅持舊誓，永不退轉。

六字大明咒真言「唵　嘛呢　叭咪　吽」，其意為：皈命清淨寶蓮華。此一「唵」字，即皈命總持一切清淨業加持之真言，念此字時，至心皈命，諸佛與我，光明具足，慈悲具足，戒、定、慧具足，一切具足。「嘛呢」（摩尼）為寶，以比喻佛法能出生萬法之德，無所不包，無所不具。「叭咪」是梵語「蓮花」之意，以比喻清淨妙潔，一切不染，如如圓滿，一切成就。「吽」表諸願成就之真言。

六字大明咒的梵音是「嗡嘛呢帕咪吽」，但是現在大多用藏音「嗡嘛呢貝昧吽」，已很少人用漢音「唵嘛呢吧咪吽」了。

另有一種說法是，其用意在斷除六道，「嗡」是天道，「嘛」是修羅道，「呢」是人道，「貝」是畜生道，「昧」是餓鬼道，「吽」是地獄道。念此咒以遮除六道，證入覺位，這是平常隨時都可念誦的。

而咒語的文字，我們通常都是觀想梵文或是藏文，若是不熟悉，觀想中文也可以，最重要的是要了知咒語的心義。

六字大明咒可以配合顏色來觀想，嗡是白色，嘛是紅色，呢是黃色，貝是綠色，昧是藍灰色，吽是黑色。

當我們在持咒時，身體要盡量放鬆、放空，從中脈一字字讓它浮起。全身愈放鬆、放空，咒音的振動力量就愈強。

另外我們也可以觀想，海底輪處安坐一尊觀世音菩薩，於此處持誦六字大明咒。甚至不只是在海底輪觀想一尊觀世音菩薩，可以在身體的五輪（頂輪、喉輪、心輪、臍輪、海底輪）都各觀想一本尊，每一輪皆有一尊觀音在持誦六字大明咒。觀想到最後，全身的每一個細胞都是觀世音菩薩持誦六字大明咒，所以到最後身體的每一個毛孔，幾百億的細胞，每一個脈節，無處不是觀世音菩薩。

由小觀世音菩薩變成大觀世音菩薩，最後行者本身就是一尊最大的觀世音菩薩，再來整個宇宙、整個法界也都是觀世音菩薩在持誦六字大明咒。到最後，甚至可以發覺整個宇宙都是六字大明咒的聲音。

準提咒

準提菩薩的法門對於中國佛教影響很深遠。唐朝時金胎兩部大法傳入中國，後來唐武宗滅佛之後，此種必須依據儀軌、經典、法器的寺院式密宗傳承，整個就被破壞殆盡。於是密教的法門，在中國就只留下獨部法門流傳，準提法門就是其中的一部。

依經中所說的緣起，我們可以用以下的偈頌來總攝：

依彼無有量　大悲智發心

七七俱胝佛　共宣密咒音
南無颯哆喃　三藐三勃院　俱胝南　怛姪他
唵　折隸　主隸　準提　莎訶

準提法的緣起是依《大乘莊嚴寶王經》所說。句中的「俱胝」是數量的單位，有的說是百萬或千萬，一般常說是千萬的數量單位。而這七七俱胝佛，即七千萬的諸佛，在六字大明咒的因緣之下，同時現身，共同來宣說此準提神咒。

一般準提佛母又稱作七俱胝佛母、七俱胝準提佛母，或是七千萬佛母，就是因為此咒所現起的緣起是出自於此，所以準提佛母也可以說是七俱胝佛所共同加持的化身。

皈命準提觀音

〈準提咒〉
南無　颯哆喃　三藐三勃陀　俱胝南
怛姪他　唵　折隸　主隸　準提　娑婆訶

〈短咒〉

唵　折隸　主隸　準提娑婆訶（真言、種子字 詳見一六三頁）

「南無」是皈命。

「颯多喃　三藐三勃陀　俱胝南」，這是皈命七千萬正等覺。

「但姪他」其意是「即說咒曰」，這句常常出現在一般的咒語之中，如藥師咒中間也有此句。而「怛姪他」之前的咒語就如同是序，接下來的才是主題。

「唵」，是咒的起音。唵字的皈命，也可以說是咒的起始。

「折隸主隸準提娑婆訶」，這是覺動、生起、清淨、成就的意思。

此咒意為：由覺動——大覺之動，而生起清淨的成就。依此咒意看來，覺動是屬於大悲心遍起的作用，所以他的體性是清淨的，而以清淨的體性來生起大悲作用，這是七俱胝佛所共同加持。因此我們皈命於準提菩薩、準提佛母。

準提咒的九字真義

準提咒的短咒：

唵　折隸　主隸　準提　娑婆訶

這九個字的意義如偈頌：

唵字諸法本不生　折字諸法本無行
隸字無得亦無相　主字無起亦無住
隸字遠離垢淨染　準字無等等大覺
提字無取無有捨　娑婆平等無言說
訶字無因大涅槃　法界真如三摩地

「唵」字是諸法本不生的意思；「折」字是諸法本無行；「隸」字是無得亦無相；「主」字是無起亦無住；「隸」字是遠離污垢與清淨的雜染；因為有污垢與清淨的分別也是一種雜染。「準」字是無等等大覺；「提」字是無取亦無有捨；「娑婆」是平等而無可言說；「訶」字是無音大涅槃，這是準提咒的梵文九字的意義。

由於一切法本不生的緣故，即得不生不滅。由不生不滅故，即得無相無所得。由無相無所得故，即得無垢。由無垢故，即得無等覺。由無等覺故，即得無取捨。由無取捨故，即得平等無言說。由平等無言說教，即得無因無果。般若相智無所得，以為方便，入勝義諦，則證法界真如。這種為法界真如三摩地，當我們體悟這九字義，即安住於九字義的密義當中，則能體會法界真如的三摩地。

修持準提咒的效驗

經典中說，如果能一心靜思，持誦此咒，滿九萬遍，則可滅除無量劫造十惡五道、四重五無間罪，而且所生之處，常能遇菩薩等善知識，而且豐饒財富。如果能誦滿二十六萬遍，乃至四十六萬遍，如此在世間及出世法，無不順遂。

而檢驗成果的方法是：如果在夢中，見到佛菩薩，及以華果，口吐黑物，飲喫白物，即是成就之徵象。或是夢見自身，騰空自在，或是渡過大海，或浮於江河，或是上樓台高樹，或登上白山，或是乘師子、白馬、白象，或是夢見華果，或是夢見穿著黃衣白衣，或是夢吞日月等，應是滅除無始罪之徵相。或是夢見佛像，或是聽聞法音，或是自覺自身巍巍高大，或是牙齒落後重生，或是頭髮由白返黑，或是貪嗔痴心自然消滅，或是對法要自然總持不忘、一字能演生多義，或是智慧頓生、自然通曉一切經律論，或是一切三昧法門、自然現前，或是福德頓然高增、大眾歸仰。如果有以上的情形，則是福德智慧增長，幾近成就相，不必生起疑惑之心，但也不能生起貪著之念，必須更加用功，努力持誦，了知準提菩薩的心法，才能圓滿成就。

207

〈附錄〉

觀音如何畫我？

——地球禪者洪啟嵩的禪畫修鍊

訪談整理／宇峯

心如工畫師　畫種種五陰　一切世界中　無法而不造
如心佛亦爾　如佛眾生然　心佛及眾生　是三無差別
諸佛悉了知　一切從心轉　若能如是解　彼人見真佛
心亦非是身　身亦非是心　作一切佛事　自在未曾有
若人欲求知　三世一切佛　應當如是觀　心造諸如來

——《大方廣佛華嚴經》卷十

二〇一一年六月，洪啟嵩老師所繪世界最大千手觀音（寬四百公分、高五百公分），於台北心茶堂展出，七月又接著展出其歷年所繪之十七尊觀音（每幅寬一百二十公分、高二百四十公分），兩公尺多的觀音畫像，一尊尊懸掛起來，畫展現場宛然成了觀音菩薩的聖地普陀山。

洪老師所畫的觀音，有一個很特別的現象，畫像諸尊的眼睛是活

2007年，洪老師恭繪5公尺世界最鉅千手觀音（5mx4m）。

的，會隨著看者的眼光跟距離和觀畫者交會；所以，無論從那一個角度看畫，都會感覺觀音也在看著我們，好像是活的一般。這樣的現象，即使在世界名畫中也是屈指可數，「蒙娜麗莎的微笑」即是其中之一。

這其中除了高超的藝術筆法之外，洪老師也透露了獨特的繪畫心法。他說：

「當我在畫觀音時，當他從我手中完成的那一剎那，每一尊觀音在我看起來都已經獨立了。為什麼我要留下這些畫？因為人的生命有限，我活得時間再久，頂多也是一百多年；但是這些觀音可能會留存上千年，如果保護良好，就可能是幾千年，就像現在著名的古畫，在千百年後還能展現在我們面前。所以，我畫這些觀音，基本上是透過我還有體力、還能夠畫的時候，有因緣能夠創造出這樣的觀音，讓他能獨立的存在，讓他與有緣觀看的人交會。」

洪老師在畫每一尊觀音的時候，在畫末都會有祈願的偈頌。如：臥蓮觀音，畫末就寫著「普願見者即證無上菩提，眾生圓滿成佛」；他在畫每一尊觀音時，都祈願，每一個人看到這尊觀音的時候，能圓滿成佛。所以這些畫完成的時候，基本上，他們已經是獨立的生命了，也開始從事他的弘法歷程，這些畫會自己弘法了。

為什麼是「觀音如何畫我」，而不是「我如何畫觀音」呢？洪老師一語道盡禪畫的心要——以空入空。

「繪畫對我而言，其實是一種修行的過程。

「『我畫觀音』是一種技術，『觀音畫我』則是一種修行；必須空掉自我的執著，才能與觀音的心相應來畫觀音；只有觀音才能畫觀音。

「我畫畫本身是在改變我自己的，而不是像藝術家一樣創造作品。

「我在創作的時候，不是我去畫了這幅觀音，而是透過這個觀音來改變我，空掉自己，與觀音的身、語、意相應，從這樣的觀想中，我的身心是要跟這個畫完全統一，所以當這個畫完成的時候，我可能還沒有圓滿，但是畫已經圓滿了，他會自己去走他在世間弘法的路，會去度化眾生，而且會比我的生命更長久。這是我的期待。」

洪老師的學生遍布海內外，有許多人都珍藏著洪老師的畫作。有一次，一位愛好繪畫的女士，珍藏了一幅洪老師畫作，她想分析洪老師作畫的筆法，所以把畫拍照之後，用電腦將局部不斷放大，希望看出畫的原始筆法是從哪裡下去的。但是卻出現了不可思議的現象——她說這畫放大到最後，所見都是明亮的光點。原來洪老師的筆墨中另有乾坤，當他在畫觀音的時候，外相上看起來是用墨和顏料，但同時也觀想這些顏料跟墨都是空性的光明，沾著光明來畫上去的，所以產生了這種奇特的現象。

談起洪老師開始畫大佛畫的因緣也很奇特。有一天，他做了一個夢，夢中佛陀拿了一塊寫著「麒麟」兩個字的木牌送給他，於是他也拿了一幅一百公尺的佛畫供養佛陀。待夢醒時回想起來，恍然大悟被佛陀給騙了！但夢中的畫已送，就要實踐，於是他開始有計畫地畫大佛、寫大字，一次次向更大的尺寸挑戰，希望能在近年完成一百公尺的大佛畫。

洪老師自述在畫觀音時，整個繪畫的過程都不斷持頌觀世音名號及真言，觀想觀世音菩薩在畫他自己，也就是「我」空得越徹底，這畫就會越真實的成為觀音。

二〇〇七年，洪老師所繪的第一尊千手觀音，就是為當時疫情緊張的禽流感祈福。後來恭繪五公尺的巨幅千手觀音，每一張佛畫都有其精誠的念力與願力，祈願以此來守護台灣，守護地球，守護一切有情圓滿大覺！

2008年，洪老師恭繪成道佛（5mx3m），
史無前例被懸掛於印度菩提伽耶阿育王山門。

〈附錄〉

觀世音菩薩的相關經典簡介

1.《妙法蓮華經》〈觀世音菩薩普門品〉　姚秦．鳩摩羅什譯

《法華經》是大乘佛教一部很重要的經典，尤其是在中國，因為中國佛教的重要宗派——天台宗就是依據此經而開創。天台宗認為《法華經》是一部最圓滿的經典，所以將《法華經》視為「經中之王」，視為「聖典教」。《法華經》傳到日本以後，對日本的天台宗、乃至日蓮宗等，也產生了極大的影響，他們都是以《法華經》作為判教的基準。《法華經》所講的乃是究竟、圓滿的佛境。

在本經中也真實地顯現了如來的果地，宣說了如來的壽量、如來的神力、如來的體性，顯現法界的如是實相。同時，也宣示了修持上不可思議的方便：「一稱南無佛，皆共成佛道。」這是在修行上面所展示的不可思議甚深方便。

《法華經》中說：佛的出現乃為一大事因緣。此一大事因緣就像日月遊行於天空一樣，是與有因有緣的眾生相應，是為使眾生「開示悟入佛之知見」的緣故而出現於世間，示現廣大不可思議的方

便、因緣。

而《法華經》中的〈普門品〉，即是廣為傳誦的觀世音菩薩經典，其中宣說觀世音菩薩以大悲心故，循聲救苦，普門示現的廣大威力。

2.《摩訶般若波羅蜜多心經》一卷　唐．玄奘譯

本經在闡明觀自在菩薩，以深般若波羅蜜多的廣大智慧，照見一切諸法皆空，因此度化一切苦厄。

《般若心經》是般若系統裡面，文字最少的一部經。在中國《般若心經》的翻譯有很多的異本；至今尚存的古譯本大約九種，其中有兩種已經佚失了。

《般若心經》，就是直接彰顯摩訶般若波羅蜜多之心髓的經典。要達到般若經典之果德，就必須從中體會《般若波羅蜜多心經》所提示的正見，並透過經典所提示之正見，把我們修行當斷、當立的見地，整個確定無疑，並且信受奉行。只有這樣無疑的信受所建立的正見，來指導意識修習，才能產生「轉識成智」的功用，而至智慧的昇華。

3.《千手千眼觀世音菩薩廣大圓滿無礙大悲心陀羅尼經》一卷　唐．伽梵達摩譯

在觀世音菩薩的修行法門中，最廣為流傳者，莫過於誦持大悲咒。大悲咒出自於《大悲心陀羅尼經》，全名為《千手千眼觀世音菩薩廣大圓滿無礙大悲心陀羅尼經》。另有《千手千眼觀世音菩薩大悲心陀羅尼》，為唐代不空和尚所譯，其內容是擷取伽梵達摩所譯之精華，即從發願以下到陀羅尼，之後另加上四十手之圖與真言，以及說明每一手的功德。

4.《十一面觀世音神咒經》一卷　北周．耶舍崛多譯

此經是由觀世音菩薩闡述十一面心咒的利益，可以免除病難及其他災禍，命終時可見十方諸佛，生於無量壽國。經中並詳細記載誦此咒之作法、雕刻十一面觀音像的法式及壇場儀軌。唐．玄奘三藏也有傳譯此經。

5.《請觀世音菩薩消伏毒害陀羅尼咒經》一卷　東晉．竺難提譯

此經敘述毗舍離國流行惡疫時，有阿彌陀佛及觀音、勢至菩薩由西方淨土來至其國。其中，由於觀世音菩薩唱念種種神咒陀羅尼，因此惡疫消除，並免除了種種災難。經中並勸說眾生當常常稱念觀

音聖號及誦此種種陀羅尼。

6.《觀世音菩薩授記經》一卷　劉宋．曇無竭譯

《觀世音菩薩授記經》則是在闡述：觀世音菩薩與大勢至菩薩並為阿彌陀如來的二大弟子，又說，此菩薩廣發濟度眾生之誓願，將來將繼彌陀如來成佛。

7.《悲華經》十卷　北涼．曇無讖譯

在此經的〈諸菩薩授記品〉中，述及轉輪聖王的第一王子出家，發了大慈悲誓願——當一切眾生為苦惱、恐怖所襲時，若能稱念吾名，當令其逃離苦難。由於發此誓願，寶藏如來乃為之命名為「觀世音」，並授記其將來繼阿彌陀如來之後成佛。

8.《攝無礙大悲心陀羅尼經計一法中出無量義南方滿願補陀洛海會五部諸尊等弘誓力方位及威儀形色執持三摩耶標幟曼荼羅儀軌》一卷　唐．不空譯

本經述說的是，佛陀安住於無礙大悲心大陀羅尼，以自在力三昧，演說補陀洛海會五部諸尊之弘願誓力，以及其威儀、形象、持物、三昧耶形等事。

9.《大乘莊嚴寶王經》　宋・天息災譯

又稱《莊嚴寶王經》，內容主要在敘說觀自在菩薩之威力化現及六字大明陀羅尼之功德。

10.《七俱胝佛母准提大明陀羅尼經》一卷　唐・金剛智譯

本經內容在介紹觀世音菩薩所化現之七俱胝佛母，即準提佛母化現因緣，形象、神咒，及持誦功德利益。

國家圖書館出版品預行編目資料

觀音的幸福力 / 洪啟嵩著. -- 初版. -- 臺北市 : 商周出版
: 家庭傳媒城邦分公司發行, 2012.04
面； 公分
ISBN 978-986-272-142-1(平裝)

1.觀世音菩薩 2.佛教修持

225.82 101004474

觀音的幸福力

作　　者 / 洪啟嵩
企畫選書人 / 徐藍萍
責 任 編 輯 / 徐藍萍

版　　權 / 翁靜如、葉立芳
行 銷 業 務 / 林秀津、何學文
副 總 編 輯 / 徐藍萍
總 經 理 / 彭之琬
發 行 人 / 何飛鵬
法 律 顧 問 / 台英國際商務法律事務所 羅明通律師
出　　版 / 商周出版
台北市104民生東路二段141號9樓
電話：(02) 25007008　傳眞：(02)25007759
E-mail：bwp.service@cite.com.tw
Blog：http://bwp25007008.pixnet.net/blog
發　　行 / 英屬蓋曼群島商家庭傳媒股份有限公司 城邦分公司
台北市中山區民生東路二段141號2樓
書虫客服服務專線：02-25007718；25007719
服務時間：週一至週五上午09:30-12:00；下午13:30-17:00
24小時傳眞專線：02-25001990；25001991
劃撥帳號：19863813；戶名：書虫股份有限公司
讀者服務信箱：service@readingclub.com.tw
城邦讀書花園：www.cite.com.tw
香港發行所 / 城邦（香港）出版集團有限公司
香港灣仔駱克道193號東超商業中心1樓；E-mail：hkcite@biznetvigator.com
電話：(852) 25086231　傳眞：(852) 25789337
馬新發行所 / 城邦（馬新）出版集團 Cite (M) Sdn. Bhd.
41, Jalan Radin Anum, Bandar Baru Sri Petaling, 57000 Kuala Lumpur, Malaysia.
Tel: (603) 90578822　Fax: (603) 90576622　Email: cite@cite.com.my

視覺設計顧問 / 王桂沰
封 面 構 成 / 林翠之
排　　版 / 極翔企業有限公司
印　　刷 / 卡樂彩色製版印刷股份有限公司
總 經 銷 / 高見文化行銷股份有限公司　新北市樹林區佳園路二段70-1號
電話：(02)2668-9005　傳眞：(02)2668-9790　客服專線：0800-055-365

■2012年4月5日初版
定價380元
Printed in Taiwan

城邦讀書花園
www.cite.com.tw
 ISBN 978-986-272-142-1

商周出版

讀者回函卡

謝謝您購買我們出版的書籍！請費心填寫此回函卡，我們將不定期寄上城邦集團最新的出版訊息。

姓名：______

性別：□男 □女

生日：西元______年______月______日

地址：______

聯絡電話：______ 傳真：______

E-mail：______

職業：□1.學生 □2.軍公教 □3.服務 □4.金融 □5.製造 □6.資訊
□7.傳播 □8.自由業 □9.農漁牧 □10.家管 □11.退休
□12.其他______

您從何種方式得知本書消息?
□1.書店□2.網路□3.報紙□4.雜誌□5.廣播 □6.電視 □7.親友推薦
□8.其他______

您通常以何種方式購書?
□1.書店□2.網路□3.傳真訂購□4.郵局劃撥 □5.其他______

您喜歡閱讀哪些類別的書籍?
□1.財經商業□2.自然科學 □3.歷史□4.法律□5.文學□6.休閒旅遊
□7.小說□8.人物傳記□9.生活、勵志□10.其他______

對我們的建議：
______
______
______
______